Cuentos de autoamor
y de autopistas

Cuentos de autoamor y de autopistas

Camila Reimers

LUGAR COMÚN
EDITORIAL

GIROL SPANISH BOOKS
P.O. Box 5473 LCD Merivale
Ottawa, ON K2C 3M1
T/F 613-233-9044 www.girol.com

Cuentos de autoamor y de autopistas © 2013 Esta edición Lugar Común Editorial

Library and Archives Canada Cataloguing in Publication

ISBN 978-0-9920282-5-1 (Libro impreso)
ISBN 978-0-9809972-9-3 (Libro electrónico)

Publicado por Lugar Común Editorial
Ottawa, Canadá, 2014

www.lugarcomuneditorial.com
info@lugarcomuneditorial.com

Canadá

Con cariño para

Nadine La Belle

Contenido

Presentación

La colección *Cuentos de autoamor y de autopistas* se caracteriza por una multiplicidad de temas que Camila Reimers maneja con maestría y soltura. Sorprende, sin embargo, que esa gran diversidad de contenido no la aleja de su objetivo primordial, aludido en el título de la obra. Podríamos especular que las autopistas pueden ser los diversos caminos que los personajes han seguido, no necesariamente por elección, en su afán de encontrar la liberación personal cumpliendo con la responsabilidad esencial de amarse a sí mismos para así poder amar a los otros. Como lo dice Ángel, uno de los personajes del cuento "Azul": —El amor que nace de ti fluye como las olas del mar, pero nunca olvides que tú eres la primera persona que debe bañarse en sus aguas.

Más allá de principios filosóficos o de una determinada religión, los personajes de Camila buscan la trascendencia espiritual por medio del conocimiento y aceptación de sí mismos y del entorno en que les toca vivir. La misma sensibilidad en el tratamiento de los temas, así como el anhelo del ser humano de acceder a planos más profundos de espiritualidad, también está presente en las dos novelas que ha publicado Camila Reimers: *Hijos de lava* (Mapalé Artes y Letras, 2005) y *Tres lotos en un mar de fuego* (Mapalé Artes y Letras, 2006). Si bien en la última novela la autora aborda con valentía problemáticas que atañen a mujeres en circunstancias extremas de violencia y degradación, en sus cuentos hace gala de una gran versatilidad temática para recrear personajes femeninos y masculinos que tienen un correlato real en la vida de todos los días.

Gabriela Etcheverry
Directora Qan*tati: Revista Literaria*

Prólogo

En psicología la "autoestima" (autoamor en mis cuentos) es la opinión que los individuos tienen de sí mismos y que va más allá de la racionalización y la lógica. A través de la vida me ha tocado observar que esta opinión es uno de los aspectos más importantes de nuestro aprendizaje y siempre he deseado escribir sobre ello, sin embargo nunca me he sentido inclinada a escribir libros de autoayuda porque lo mío es contar cuentos.

La vida me ha llevado a vivir en diferentes lugares, terminando finalmente en el extremo opuesto a donde había nacido, del polo sur en Chile, al polo norte en Canadá.

Fue en Canadá, al trabajar con inmigrantes que deseaban entrar en el mercado laboral, que empecé a tomar conciencia de la importancia de una autoestima sana. La primera pregunta que le hacía a los participantes del programa era ¿por qué crees que no has encontrado trabajo? Invariablemente la respuesta era: "Porque no tengo experiencia canadiense y el idioma inglés no es mi lengua materna".

Tomaba bastante tiempo ayudarlos a descubrir que sobrevivir la travesía en un pequeño bote en el océano o haber perdido a familia, amigos y cultura, además del dolor nos daba una dedicación y responsabilidad a toda prueba, una riqueza de experiencias tan o más importantes que el manejar el inglés con fluidez o haber trabajado durante años para una empresa local. La verdadera barrera, entonces, era no creer en ellos mismos.

Indudablemente esta falta de autoestima no se da sólo en el plano laboral sino en todos los aspectos de la vida diaria, en cualquier país. En nuestras relaciones de pareja, estudios, trabajo, círculo social. Cuentos de autoamor y de autopistas nos muestra niños, hombres y mujeres que han aprendido o están aprendiendo a aceptarse y valorarse por lo que ellos son, no por lo que otros o ellos mismos desearían ser. Estas historias no hablan de víctimas sino de personas que han elegido crecer, dejar atrás el narcisismo y empezar el camino de un crecimiento y evolución consciente que va más allá de perpetuar nuestros traumas infantiles.

Camila Reimers

Ana

El Cachupín me lamía las manos, suavecito, sin morderme mientras rodábamos por el suelo de la cocina.

–Deja a ese perro tranquilo, niña y ven a ayudarme con las tortillas– dijo mamá como de costumbre. Ignorándola, yo continué jugando sobre las frías baldosas que me ayudaban a olvidar el calor del mediodía, los sábados no tenía que ir al colegio, me podía levantar más tarde y hacer lo que me diera la gana.

A lo lejos se sentía el romper de las olas en las rocas y las gaviotas revoloteando en busca de peces de colores. Esa misma tarde iría a bañarme y me dejaría arrastrar por el agua salada, flotando con los ojos cerrados, dejando al sol meterse por todos los rinconcitos de mi cuerpo.

Sentí venir un auto, lo que me sorprendió porque los únicos vehículos que llegaban a nuestra casa, eran la moto del vecino y el camión de la basura que venía cada dos semanas, pero éste era el ruido de un motor desconocido y mamá levantó la cabeza asustada. No alcanzamos a hacer nada, enseguida los golpes en la puerta interrumpieron la rutina del fin de semana –quédate ahí– me ordenó Ma mientras dejaba las tortillas sobre el mesón.

Quise correr hacia ella pero no alcancé a dar ni un paso porque empujaron la puerta de una patada y entraron a la casa apuntándonos con pistolas

–¿Dónde está ese hijo e' puta?– gritó uno de los milicos.

Ma dejó de amasar, se limpió las manos en el delantal y miró disimuladamente la puerta que daba al jardín, luego clavó sus desafiantes ojos negros en el intruso, sin decir palabra, con la esperanza que el ruido hubiera alertado a mi padre, dándole tiempo de escapar.

Yo hice todo lo contrario, mis ojos se negaron a enfrentar la violencia verde oliva de esos uniformes y busqué desesperada la oscura figura de papá dormitando en el sillón del patio.

El milico siguió a mi madre volviendo a insistir

–¿Dónde está Juan?

Levantándose de la silla de mimbre que crujió a pesar de su cuerpo liviano, Pa entró a la casa diciendo –aquí estoy, ahora, dejen a las mujeres tranquilas.

De una trompada el milico lanzó a papá al suelo, boca abajo con piernas y brazos abiertos para revisarlo y asegurarse de que no llevaba pistola. Luego lo hicieron levantarse y a empellones lo empujaron a la calle, donde había una camioneta con el motor andando.

Antes de salir, el hombre con el uniforme que olía a manteca rancia, le dijo a mi mamá:

—Míralo bien porque es la última vez que lo vai a ver.

—¿Adónde lo llevan? Pregunté.

—A la Corte —contestó mi mamá, sin dar más explicaciones.

Dos semanas después, nos subíamos al avión que iba a Canadá. Yo lo único que sabía de ese país era que estaba lejos y los canadienses vivían en casas de hielo, unas casas bien chiquititas. También había visto fotografías con perros arrastrando un trineo, así es que por esa parte me podía sentir tranquila pues podría reemplazar al Cachupín que se había tenido que quedar con el vecino.

Ma sabía menos que yo de Canadá porque nunca había ido a la escuela y no podía leer. Llegamos en enero y desde el avión se veía todo blanco, mis ojos pestañaban buscando el verde de los árboles que habíamos dejado atrás, pero no pude encontrarlos.

Cuando llegamos al aeropuerto, nos esperaba Peter, un señor alto, de pelo rubio, muy simpático.

–¿Cómo ser viaje?– preguntó el gringo.

A mí me gustó el señor Peter, porque aunque no hablaba muy claro, al menos podía hacer preguntas y explicarnos que nos llevaba a los edificios donde vivían los refugiados políticos que venían de todos los países con milicos.

Esa fue mi primera desilusión, yo esperaba vivir en una casa de hielo brillante y terminé en un departamento en el tercer piso. La segunda desilusión es que no había perros tirando un trineo sino buses y autos. Nieve sí había y frío también.

Las clases de inglés empezaron al día siguiente, en una escuela que se encontraba en el sótano del edificio. Lo primero que debimos hacer fue presentarnos y decir de dónde éramos.

"Hi my name is Nawal" dijo Nawal que usaba un pañuelo en la cabeza y venía de Irak. Aunque no entendí ni jota, inmediatamente supe que ella sería mi mejor amiga.

"My name is Mai, I'm from Cambodia."

–¿Cambo... qué?

–Yo soy Jorge y hablo español. El inglés es re fácil, no se preocupen que las voy a ayudar.

Desde ese momento, Jorge se la llevaba todo el día habla que habla con mi mamá que seguía llorando sin parar y no aprendía inglés porque la conversa era en castellano.

Con Nawal lo que no entendíamos con palabras lo comunicábamos con señas y ella me prestó uno de sus pañuelos para que yo cubriera mi cabeza. Al principio pensé que era una costumbre canadiense y no me sacaba el pañuelo ni para dormir, pero poco a poco me fui dando cuenta de que la gente en la calle no llevaba pañuelos y comprendí que probablemente era una costumbre de la familia de mi amiga sin embargo lo seguí usando igual.

Nawal había llegado tres meses antes que yo y sabía absolutamente todo acerca de Canadá, ella me explicó que ser refugiada política significaba que no podíamos volver a ver a los abuelos. Además yo estaba empezando a darme cuenta que ser refugiada también significaba ir a un colegio donde nadie me conocía y los otros niños no sabían hablar español, significaba olvidarme de los mangos maduros que recogía de las matas frente a mi casa y no volver a ver el verde de los árboles que se perdían al empezar el turquesa del océano. Mar salado y tibio aún impregnado en la piel y en el olfato.

Mi vida se empezó a esfumar como los copos de nieve que se deshacían en mi lengua cuando yo los quería atrapar con mi boca, fue cayendo al suelo en pedacitos, convirtiéndose en nada. Cuando mamá me llamaba por mi nombre, yo no respondía, porque Ana ya no existía.

—Niña, insolente, te estoy llamando— insistía, pero yo continuaba en silencio.

Mamá también empezó a cambiar, ahora estaba aprendiendo a leer, usaba faldas cortas y se había cortado su pelo negro que le llegaba a la cintura, a la altura de los hombros, ya no se hacía las trenzas que a mi tanto me gustaban y que yo seguía formando con mi pelo. Pero lo peor de todo era que ya no lloraba y nunca mencionaba a papá. Yo por mi parte no lograba dejar de pensar en él, aunque no podía compartir mi angustia con nadie, ni siquiera con Nawal. Por algún motivo sentía que el contar su historia era como traicionarlo.

Los días que no teníamos clases de inglés, Ma me llevaba a las tiendas para mirar todas las cosas que no podíamos comprar pero deseábamos tener. Antes para mí la felicidad era bañarme en el mar sin tener idea que existían tantos objetos en este mundo, porque claro uno no puede caminar por la ciudad a pie pelado pues en el invierno se nos congelan los dedos y en el verano se nos queman, pero el problema empezaba cuando tenía que elegir entre veinte colores y formas diferentes, yo los quería todos, así como las bolsas, vestidos, aparatos de televisión y discos compactos. Cuando íbamos al 'Mall' nos echábamos todo tipo de perfumes, nos poníamos en línea para que nos maquillaran. Admirábamos a las personas cargadas de bolsas llenas de ropa y de todo cuanto había.

Fue así como pasó lo de las sandalias. Estaban en la vitrina, nuevitas, brillantes y mi mami insistía que los tacos altos le hacían ver las piernas bonitas. Entramos a la zapatería, se las probó y mientras el dependiente atendía a otra señora, mi mamá metió los zapatos en mi bolsa. Yo aproveché para meter una cartera y un pañuelo de cabeza para Nawal.

Hoy yo también estoy en la Corte. Sé que nunca voy a regresar a casa porque cuando a mi papá lo llevaron a la Corte se quedó Allí para siempre. Yo tenía una idea diferente de este lugar, me lo imaginaba oscuro con celdas donde te metían y nunca más volvías a salir. Pero es un edificio lleno de luz y de gente corriendo de un lado para otro.

"¿What's your name?" me preguntaron. Abrí la boca para responder pero sentí como si tuviera una rana apretada en la garganta porque no me salió palabra. Mi aliento olía a manteca rancia, igualito que el uniforme del hombre que se había llevado a mi papá y de puro miedo me empezaron a temblar las piernas que yo apretaba para no mojarme y dejar la poza en la sala frente a todas esas personas desconocidas.

"She doesn't speak English" dijo un tipo serio vestido de terno oscuro y corbata.

"Call the interpreter" grito otro tipo, también serio y de corbata.

Esperé unos minutos hasta que alguien se acercó.

—¿Ana?— dijo una mujer bajita, de ojos azules y pelo zanahoria, mirándome de frente con una dulzura que mi alma había olvidado. Esa mirada logró tranquilizarme lo suficiente para responder.

—Sí.

—Yo soy la intérprete— dijo la intérprete y empezamos a conversar en español.

Me temblaban las manos y la voz, no sabía si decir la verdad o no porque si mencionaba a mamá lo más seguro es que ella también se iría de mi vida y me quedaría huérfana. Pero la intérprete me dio confianza.

—Mi mamá me dijo que lo hiciera— empecé a explicar.

—¿Hacer qué?— preguntó la intérprete sorprendida.

—Poner los zapatos en la bolsa— respondí sin dar crédito a mis propias palabras.

Poco a poco las lágrimas empezaron a correr por las mejillas. Lloraba por mí y también por papá, por el Cachupín, por el mar que no tenía en Ottawa. El llanto fue subiendo de volumen mientras gritaba —por favor ayúdenme, no quiero desaparecer.

—Pero Ana, la gente no desaparece por robar zapatos— dijo la intérprete, mientras me consolaba y me hacía entrar a la sala número diez.

Al entrar me volvió a dar pánico porque el lugar era para asustar a cualquiera. Había varias líneas de bancos donde yo y todas las personas condenadas teníamos que enfrentar a otros tipos vestidos con camisas largas y negras. La intérprete se inclinó frente a las camisas negras y yo la imité.

En ese momento el abogado que ayuda a la gente que no tiene plata para pagar, se acercó a mí preguntándome si estaba dispuesta a hacer trabajo comunitario y escribir algo relacionado con no robar.

—¿En la cárcel?— le pregunté en español.

El abogado me miró extrañado y no respondió. La intérprete repitió la pregunta en inglés y me miró sonriendo, mientras explicaba que podía escribir en casa y además el trabajo comunitario era los domingos.

Empecé a sentirme mejor, sospechando que tal vez me dejarían volver al edificio de los refugiados. Hasta el colegio empecé a echar de menos, pensando que a pesar de todo no era tan aburrido y le juré a la Virgencita que sería mejor estudiante y de ahora en adelante haría mis deberes.

—¿Puedes venir este domingo?— preguntó la intérprete, y yo sentí una tranquilidad parecida a la que tenía antes de que el papá desapareciera.

"Yes", respondí sonriendo.

—Ana Herrera— dijo el juez en la sala número diez de la Corte.

La intérprete y yo nos levantamos.

El juez empezó a hablar y la intérprete fue repitiendo todito en español, lo que realmente no era necesario porque yo entiendo inglés. Y no se crean que lo único que he aprendido es un nuevo idioma, ahora también sé que si vas a la Corte no te mueres, al menos yo voy a vivir, porque dejé de ser nadie y estoy empezando a ser alguien.

—Mi nombre es Ana, tengo una amiga que se llama Nawal y cuando sea grande voy a ser intérprete.

El chakra número ocho

Tras diez años de vegetarianismo, en un acto de rebeldía, en contra de algunas de las ideas que por algún tiempo había considerado interesantes, quise demostrarle a Paul que yo tenía la capacidad de cambiar, y lo primero que se me vino a la cabeza fue comerme un pollo completo. Bueno, en honor a la verdad, entero no, porque Paul se las había arreglado para apropiarse de un muslo, y de la mitad de la pechuga, mientras conducía su auto por la autopista que atraviesa Carolina del Norte, ignorando mi transición de vegetariana a carnívora.

Por otro lado, mi decisión no había sido exclusivamente para impresionar a Paul pues a mi manera de ver la espiritualidad no se medía en kilos de carne consumida durante la vida, sin embargo muchos de mis amigos insistían en demostrar que ellos eran puros, cero toxina en el cuerpo y a punto de ascender al plano astral porque habían logrado resistir la última oferta de hamburguesas con queso.

No es que yo niegue la importancia de una

buena alimentación, de hecho (aunque me dé vergüenza confesarlo) me siento naturalmente atraída por las lechugas pero esto de medir el alma como un chorizo me tenía bastante aburrida.

Mientras seguíamos atravesando el "First in Flight", según declaran los vehículos de Carolina del Norte matriculados en ese estado, Paul se lamía la grasa de los dedos depositando cuidadosamente los huesitos chupados en una bolsa de plástico, mientras yo lo observaba embelesada. Paul no era lo que se llama un Adonis, eso había estado muy claro para mí antes de enamorarme, antes de que la piel de ese hombre despertara mis sentidos adormilados durante siglos. Ahora, en cambio, Paul era... un Adonis, y un Antonio Banderas y, sin lugar a dudas..., bueno, no mejor pero en ese momento al menos más deseable que los Chipandale.

Después de limpiarse las manos con una toallita húmeda, Paul se volvió hacia mí, y a pesar de ir manejando extendió su mano derecha para entrelazarla con mis dedos, mientras mantenía la izquierda en el volante, irradiando la seguridad y el aplomo de quien está habituado a ese tipo de experiencias en la autopista.

–Andrea, ¿quieres caminar? –preguntó mi amigo mientras me miraba de reojo con un mohín que transparentaba la intención del ofrecimiento. Sonriendo, moví la cabeza afirmativamente. Tomamos un desvío de la autopista, nos bajamos del auto y, cogidos de la mano, caminamos hasta llegar a una espesura con el suelo cubierto de vegetación.

No entramos en preámbulos innecesarios, él me empujó suavemente, caímos sobre el oloroso colchón de musgo y pino que nos aguardaba. Yo me dejaba acariciar, sabiendo que esos minutos de intimidad era lo único que nos unía. Empezamos una danza cuyo ritmo se asemejaba a la lluvia penetrando las hendiduras de la tierra sedienta, bebiendo la savia y tragando el aroma del bosque. El deseo se esparció por la tierra que nos había acogido y las raíces de los árboles salieron a su encuentro, ansiosas de sorber las aguas desbordantes.

Por un instante sentí que el cielo, el aire, los pinos, el musgo, y Paul eran una sola realidad y que el sol descendía coronándome con las mismas luces del cielo. Bueno, no era para tanto, cuando empiezo a contar algo me emociono y me dejo llevar por el romanticismo. Lo que pasaba es que los rayos del sol a través de los árboles me hicieron recordar lo que había aprendido hacía solo tres días en un cursillo que hablaba de centros de energía localizados en diferentes puntos del cuerpo humano, donde tuve la gran sorpresa de descubrir que no eran siete, como yo pensaba, sino ocho. La existencia de ese centro espiritual que, según los iluminados flota sobre nuestros cuerpos, era un concepto nuevo para mí. Este último aparecido se situaba sobre la cabeza, como una corona. Y claro, a la primera oportunidad que tuve, coroné a Paul de blanco y violeta, colores asignados por los iluminados que tienen la suerte de verlo.

Sacudiendo las ramas secas que le cubrían el cabello y la barba llenos de canas, el hombre sonrió complacido. La sonrisa le acentuó las profundas líneas que surcaban su rostro, unas líneas que contaban de otros bosques, musgo y autopistas.

Paul siguió manejando porque le gustaba y porque lo hacía muy bien. No eran muchas las cosas de las que se lo veía seguro, pero sin duda alguna, manejar y hacer el amor eran su orgullo. Alguna vez parecía que una parte de su alma lograba deslizarse hasta la superficie de su conciencia y evidenciarle que el amor se extendía más allá de la adicción sexual pero la experiencia repetitiva de amores inundados de codependencia, que lo arrastraban del abismo a la cumbre al abismo, habían creado la necesidad química del orgasmo obsesivo.

Yo me daba cuenta que me había transformado en un misterio para él y que eso lo abrumaba. Después de dos matrimonios fracasados, había descubierto que no servía para marido y que el anillo de compromiso le apretaba –decía él– como una herradura en las patas de un caballo. Persistía, sin embargo, en la búsqueda de su alma gemela; ella debía colmar dócilmente los vacíos del alma que él temía afrontar, viviendo a su lado en servicial compañía. Su forma tenía que ser la de una esbelta e inteligente joven oriental, con un pedigrí de por lo menos veinte reencarnaciones juntas y el consiguiente potencial de ser su mejor amiga. Nunca pensó, confesaba perplejo, que terminaría conmigo, quien, a decir verdad, de esbelta no tengo nada, y cuando mi mirada penetraba en su interior él empezaba a sentir y ver sus contradicciones. Era patente que frente a mí se sentía vulnerable. Necesitaba, sin embargo, mi constante presencia aunque tenía vergüenza y temor de reconocerlo.

Creo que no es esto lo que quiero –dijo Paul con su vista fija en la carretera.

–¿A qué te refieres? –pregunté, sospechando que otra vez empezaba la conversación de nunca acabar.

–A ser amantes. Pienso que sólo deseo ser tu

amigo, pero más allá de eso, no.

–No fui yo la que te invitó a caminar por el bosque.

–Me siento bien contigo, pero como hermana, como amiga, y no como amante.

–No fue eso lo que dijiste cuando hicimos el amor en Florida.

–Y en cada uno de los estados de la costa Atlántica –agregó Paul sonriendo ante el estímulo de la respuesta desafiante, mientras sus dedos empezaban a acariciar mis labios, guiando mi cara suavemente a la altura de sus piernas, bajo el volante.

–Vamos a chocar –empecé a sonreír, aliviada de que Paul no hubiera continuado su discurso sobre el amor fraternal–. ¿Qué diría la policía si nos encuentra en esto?

–Que ahí van otros dos haciendo lo mismo –reía Paul.

El viaje había empezado en Canadá y su destino era la Florida, donde yo iba a hacer un cursillo de dos días sobre la teoría oriental de los *chakras* a la luz de la psicología de Jung. "No deseo ser tu amante" me había dicho Paul en Toronto apenas surgió la idea de hacer el viaje juntos, "pero como amigo te llevo en mi auto hasta Orlando". Partimos en la tarde del miércoles y acampamos en algún lugar del estado de Nueva York, hicimos una fogata y fingimos meditar mientras yo observaba a Paul que reiteraba obstinadamente su decisión de confinarse exclusivamente a una casta amistad.

Me costaba reconocerme, cuando tenía veinte años jamás se me habría ocurrido pensar que existía un hombre capaz de resistírseme, sin embargo ahora temblaba, no sé si de rabia o frío, preocupada de comprobar si las cremas para la celulitis estaban haciendo efecto o no, tratando de convencerme que la pasión podía borrar las huellas del tiempo y que Paul sólo estaba jugando pues la verdad era que él tenía tantas ganas como yo.

El aguacero no nos permitió seguir acampando como lo habíamos programado, y la segunda noche tuvimos que dormir en un motel de Carolina del Sur. Esta vez, fue Paul quien no durmió bien, tal vez porque yo, conociéndolo, fingía aceptar la extraña amistad que él me proponía.

La lluvia continuó todo el día siguiente, lo que no nos permitió hacer un picnic al aire libre o estirar las piernas, entonces seguimos manejando mientras Paul trataba de discutir y filosofar sobre la espiritualidad, el amor y los seres humanos. Por mi lado, el sentimiento de rechazo crecía y crecía en la boca del estómago, y la verdad es que mi filosofía fue bastante barata, lloré desde Deltona

Beach hasta Orlando. Después de recorrer 2.300 kilómetros sentí que tal vez había esperanza y valía la pena seguir insistiendo en una relación absurda, pues el temor a estar sola era mayor que la humillación aplastando mi autoestima.

Es mi karma, pensaba, convencida que mi destino era una profecía inevitable, una predeterminación fatalista, en la que yo jugaba el rol de una actriz pasiva sin ninguna habilidad de crear ni cambiar partiendo del presente.

En ese momento para mí no era fácil comprender la situación que estaba viviendo, pasados los cuarenta y cinco años me sentía lo suficientemente inteligente y madura, jamás se me pasó por la mente que necesitaría otra década de psicoanálisis y meditación para aprender que la felicidad no venía de afuera pa'dentro sino (como dijo un general) todo lo contrario. Si una bola de cristal mágica me hubiera mostrado el futuro, me habría sentido desilusionada pues yo no deseaba aprender con dolor, quería una salida inmediata e instantánea como el Nescafé.

Es que era de locos, el mismo hombre que decía no desearme estaba dispuesto a manejar cinco mil kilómetros, y a la inevitable convivencia día y noche, para llevarme a un coloquio de dos días en Florida. Me tomó un tiempo −afortunadamente no diez años– entender lo difícil que es para algunos hombres el comprometerse, entonces el rechazo de parte de su pareja los hace sentir que la ansiada libertad está asegurada, con cada NO convirtiéndose en un afrodisíaco más potente que el jengibre.

La primera noche en Florida, me sentí mejor. Los lugares elegantes, como el hotel donde se realizaba el cursillo, siempre han tenido ese efecto en mí. Me puse un vestido rojo y naranja, fuego por dentro y por fuera, y al sentir las miradas de algunos hombres buscando compañía, me dije "al abordaje, muchacha, no todo está perdido". Claro que como algunos valores morales tengo y tomo en serio esto de tener a un solo hombre en mi vida, el grito de libertad fue más bien simbólico pues la verdad es que no me interesaba conocer a nadie, bastante complicación tenía ya con el chofer que me había acarreado por la costa este de los Estados Unidos.

Al volver al cuarto donde Paul me esperaba, empecé a refinar la pericia que te permite sacar adelante una relación inmadura, decidí ignorarlo. Entré a paso lento, exudando seguridad, sabiendo que el aroma del triunfo era un estimulante que el chofercito no podría resistir. La mirada de deseo en sus ojos me hizo sentir regia y empecé a contarle en detalle todo lo que había aprendido.

Sin quitarme los ojos de encima, Paul me observaba embobado diciéndome: "¡Estás preciosa!"

Por una milésima de segundo estuve a punto de ceder pues, claro, me paralicé frente a uno de los pocos cumplidos recibidos de ese hombre, sin embargo consciente del juego, bajé lentamente el cierre del vestido rojo y cubrí mi desnudez aun más lentamente al ponerme un camisón de seda blanca, que tampoco cubrió mucho pues era transparente. Me acerqué a su cama, le di un filial beso de buenas noches y crucé la distancia que nos separaba hasta mi propia cama de dos plazas.

El hombre se paró como sonámbulo, levantó las sábanas y entró a la intimidad deseada. Acercando mi tibio cuerpo al de él, lo entrelacé con mis piernas susurrándole "tú sólo quieres ser mi amigo, déjame y vete a tu cama" mientras la seda blanca se deslizaba, confundiéndose con la alfombra de color gris.

Paul tenía razón, habíamos empezado en Florida —en aquella primera noche del cursillo— y lo habíamos repetido en todas las ciudades, pueblos, bosques y remansos de la costa Atlántica hasta llegar de regreso a Canadá.

Si yo hubiera llevado conmigo la confianza de esa noche de lujos, probablemente mi compañero de viaje habría terminado con su juego, entregándose al dominio deseado, pero aún yo no había aprendido la lección, primero debía pasar por las experiencias que voy a narrar a continuación.

A veces me llegan correos electrónicos con una serie de estadísticas muy interesantes, el problema es que cuando quiero hacer uso de los ejemplos siempre me olvido de los números y termino haciendo el ridículo. Uno de esos correos hablaba sobre lo afortunada que yo debía sentirme por no vivir en un país en guerra, tener comida cada día, un techo y ropa que ponerme. Yo estoy totalmente de acuerdo, sin embargo el dolor que siento con este dramón de amor, es verdadero. No puedo mentirme y decir "todo está bien" solo porque hoy no explotó una bomba en mi edificio. La verdad es que no todo está bien.

Es muy fácil tomar cursos de meditación, leer libros que inspiran el alma y teorizar acerca de la evolución, pero vivir esas palabras es otro cuento. Hasta ese momento, yo había relacionado la palabra *adicción* con los borrachos de la calle o con los adolescentes que hace no mucho tiempo les habían ofrecido pastillas de colores a mis hijas, y me sentía orgullosa porque ellas no habían caído en el juego (bueno eso es lo que yo deseo creer pero no estoy segura de si realmente se negaron.)

Pero ahora estaba empezando a comprender que el significado real de la palabra se extendía más allá de los límites impuestos por la sociedad.

Mi obsesión con Paul era el opio del que me negaba a desprenderme, aunque mi instinto sabía que debía hacerlo. ¿Dónde estaba la alegría que se siente en el amor? Vivía cansada y constantemente temerosa de que cada día fuese el último, de terror de solo pensar que ese hombre no estremeciéndome durmiera más en mi cama y quedarme sola con mi tristeza. Por otro lado, mi alma sabía que para poder vivir tenía que romper con esa pasión que me dominaba. Paul tampoco era feliz. Era obvio que algo mío lo atraía fuertemente, pero entre los sueños de adolescente que él aún acarreaba no era por cierto yo la belleza oriental que deseaba lucir entre sus amigos. Se notaba que no deseaba herirme ni tampoco herirse, pero su inestabilidad estaba causando los dos resultados.

El asunto parecía un juego de yo-yo "un día sí, un día no, un día sí". Empezamos a aceptar que un no nos causaría menos daño que esa indecisión. Ambos buscamos ayuda. Paul con su grupo de terapia, solamente hombres que se juntaban todas las semanas para apoyarse mutuamente; yo empecé a ir más seguido con mi consejera espiritual. Uno de los amigos de Paul le insinuó que el problema era su miedo a comprometerse, ¡qué novedoso!, y que lo mejor que podía hacer para su felicidad no era recordar que su adolescencia había terminado hacía cuatro décadas y había llegado el momento de enfrentarse a sus temores, sino buscar a una nueva mujer que entre orgasmos le hiciera olvidar lo que su alma necesitaba. Debía empezar con otra lo que no había sido capaz de terminar con ninguna, y así por los siglos de los siglos.

Por otro lado mi consejera ignoró los orgasmos e insistió en que el problema no se debía a un desequilibrio hormonal sino a los *chakras* —especialmente al número ocho (resueltamente de moda en todos los círculos espirituales)— pues el pobrecito estaba completamente destartalado.

Finalmente decidimos enfrentarnos, mientras lo esperaba en la terraza, observaba como las nubes del horizonte imitaban mis emociones, cambiando del rojo atardecer al gris de la noche que empezaba a caer sobre la ciudad.

Puntual como era, Paul llegó a las ocho de la noche, tal como habíamos quedado. Cuando abrí la puerta, supe que me esperaba la continuación del eterno juego. Sí, no, sí. Él me miró con dulzura, deseo, y el temor de siempre. Luego preguntó por su café, que a propósito yo no le había preparado para demostrarle que estaba enojada. Nos sentamos frente a frente y una vez más empezamos a teorizar. Las elucubraciones se extendieron hasta que la noche invadió toda la casa.

Esa mañana al levantarme me había preguntado, "¿qué es lo peor que Paul puede decirte?" y mi respuesta había sido clara "que tiene otra mujer". Entonces una voz que venía de más allá de mi mente, me dijo: "Pues prepárate porque eso es exactamente lo que te va a decir". Pero cuando él lo confirmó: "Quiero que sepas que estoy saliendo con otra", traté de mantener un rostro inexpresivo mientras una onda de calor me abrazó asfixiándome.

Empecé a transpirar y las gotas de sudor se deslizaron por mi espalda de mujer enamorada. Sin embargo me las arreglé para preguntar: "¿Tiene los ojos almendrados?"

Mirándome incrédulo, desbordando repentinamente una ternura a la cual yo no estaba acostumbrada, el hombre se sentó a mi lado y me envolvió en un largo abrazo. Yo solo sentí que Paul cruzaba la barrera de un espacio prohibido y no podía entender por qué, si ahora él tenía la amante que deseaba, aún se tomaba la libertad de tocarme y estar cerca de mi cuerpo.

Pero repentinamente también... ¡y también una

vez más! era obvio que Paul empezaba a sentir la contradicción de sus sentimientos. Yo le ofrecía algo que él deseaba, pero no tenía claro qué era ese algo. Quería abandonarse dejándose llevar por esa ola de ternura que lo abrazaba, pero se sentía amenazado frente a la posibilidad de tener que descongelar el corazón.

–Andrea, tú espalda está completamente mojada –me dijo él.

–Es que soy una mujer acalorada –contesté riendo, sin saber cómo enfrentar la desesperación.

–Quiero que sepas que te deseo –continuó Paul, repitiendo lo que había dicho durante el viaje a Florida, y tantas veces, porque eran las únicas palabras con las que se sentía a salvo cuando trataba de expresar su amor.

–Me doy cuenta –respondí– pero ya es suficiente, el juego del yo-yo me tiene saturada.

Sin planearlo, yo había pronunciado las palabras mágicas, el rechazo que estimulaba al hombre. Paul reaccionó como si una onda de rabia y calor se expandiera del sexo a la garganta, contestando desafiante: "eso lo vamos a ver" mientras acariciaba mi espalda en una mezcla de ira y pasión y empezaba a besarme el cuello transmitiendo la fuerza tántrica de esa energía sexual que antes de él yo no había conocido.

Me sentí perdedora, deseando agarrarme con uñas y dientes a la adicción del placer que mece como las olas del mar. Sin embargo, otra parte mía, de una sabiduría desconocida, me obligó a detenerme recordando que mi esencia no se doblegaba a la esclavitud.

"Dios mío", pensé, "ahora comprendo".

Fue entonces cuando Paul, al igual que siempre, captó la respuesta de mi cuerpo ignorando la del alma y al sentirse una vez más como un macho victorioso, el deseo desapareció y detuvo su avance diciendo:

−No puedo hacerlo porque le prometí a Dina, mi nueva amiga, que yo no tocaría a otra mujer.

−Entonces, ¿por qué empezaste, Paul?

El hombre no respondió, no era necesario, yo sabía la respuesta. El juego se prolongaría todo el tiempo que yo aceptara seguir jugando.

−Tengo que irme −tronó Paul amenazante, molesto de sentir que el disfrazado afrodisíaco había perdido su poder y que yo ya no temía enfrentarlo.

−Está bien −contesté− es suficiente, ya es tiempo de partir.

En ese momento vi con transparencia, con crudeza, lo que habíamos fabricado. Yo había creído que Paul deseaba vencer sus fantasmas e ingenuamente había tratado de ayudarlo, pero el alma del hombre, congelada en una niñez lejana, temía emprender la marcha. Empecé a concienciar que el amor no es suficiente para cambiar al ser humano, necesita encontrar en el otro el deseo de cambiar, ni siquiera el Cristo tiene el poder de modificar lo que el libre albedrío ha paralizado.

Así me encontré cara a cara con los fantasmas propios, escondidos en la sombra de mi alma. Enfrentarme a mí misma en la oscura noche de mis deseos, fue más difícil que tratar de ayudar a Paul. Al cerrar esa etapa de mi vida, prometiendo no encarcelarme nunca más en otra relación enajenante (y eso incluía a mis hijas, amigos y resto de la familia), comprendí que recién ahora empezaba el viaje verdadero, un peregrinaje por la autopista de mi propio ser, y era yo la única conductora. Tenía que entrar en el vasto dominio de mi alma y recorrer la ardua ruta del autoamor.

Los evolucionados dicen que el dolor no existe, que es generado por la mente. Probablemente tienen razón, pero yo no vivía a la altura de esos seres privilegiados, y la soledad y la adicción me mordían el cuerpo empujándome hacia un oscuro túnel que parecía no tener fin. Había tenido el coraje de aceptar que Paul desapareciera de mi vida, pero mi mente seguía atrapada en él. Lo veía en sueños, al caminar por las calles, detrás de todas las puertas, mientras comía y mientras respiraba.

Al principio no tenía ánimo para trabajar, pero las cuentas por pagar llegarían al buzón como siempre. En todo caso, habría sido bastante difícil explicar que el motivo de mi ausencia laboral se debía a que el trauma ocasionado por el último encuentro con Paul me había destartalado el chakra número ocho y necesitaba descansar para repararlo. Bastante había tenido mi jefa con oír la teoría de los siete chakras ubicados en diferentes partes del cuerpo, pero un octavo que flotaba solitariamente por encima de nuestras cabezas iba mucho más allá de lo aceptado y lo tolerado por el Ministerio de Salud Pública de la Provincia de Ontario.

Poco a poco empezó el camino del olvido; y en el largo proceso de recuperación tuve la ayuda de mi consejera que me iba alineando los chakras —incluyendo el famoso número ocho— en frecuentes sesiones de hora y media. El despertar de ese chakra espiritual me levantaba a un nuevo nivel de discriminación entre lo verdadero y lo falso, y me mostraba que donde había temor se abría una puerta de salida. Fui así, descubriendo con creciente clarividencia, con incredulidad, que el luto llevado en mi alma no era realmente por Paul sino por lo que él representaba: la posibilidad de compartir mi vida con un amante, amigo y compañero. Me tomó varios meses comprender que no lloraba lo que había perdido sino la imagen de lo que quería tener. Yo lloraba mi propia versión oriental de ojos almendrados. Tras casi medio siglo de evadir mis sentimientos, llegué a enfrentarlos a plena luz, y a comprobar cómo emergía ante mi vida una necesidad visceral: tenía que vivir cada minuto de mis días con entera lucidez, y solo lo conseguiría librándome de las vendas de una larga rutina de autoengaño.

Poco a poco aprendí a amar todo mi ser comprendiendo que también las causas de mi dolor debían quedar abarcadas en el amor de mí misma. Al aceptarme tal cual era, con todo lo que había sido y vivido, con todo mi pasado y en todo mi presente, me perdonaba, abrazando a Paul en mi perdón. La pequeñita que habitaba en mi interior se sentía finalmente querida, y una canción de cuna empezó a emerger desde el fondo de mi alma al mismo tiempo que una calma desconocida me liberó de la tristeza.

Fue entonces cuando me descubrí a mí misma en un nuevo acto de rebeldía, ahora sí, por fin, confrontaba mi largo, inveterado, hábito de no amarme incondicionalmente. La auténtica rebelión iba más allá de ser o no ser vegetariana. Ahora sí, me sentía segura y tranquila en la conducción del viaje emprendido desde que había decidido no dejarme atrapar nunca más en una relación enajenante, y me entregaba a ese viaje interior desde lo hondo de mi ser, por la autopista del alma, por la ruta, enteramente, del *autoamor*. (Y ahora sí, el *chakra* número ocho, flotando sobre mi cuerpo, me iluminaba la ruta con su luz blanca y violeta.).

El Cuervo y los Primeros Hombres

"The great flood, which had covered the earth for so long, had at last receded and the sand of Rose Spit (Haida Giwaü) lay dry. Raven walked along the sand, eyes & ears alert for any unusual sight or sound to break the monotony. A flash of white caught his eye and there, right at his feet, half buried in the sand, was a gigantic clamshell. He looked more closely, and saw that the shell was full of little creatures cowering in terror in his enormous shadow. He leaned his great head close and, with his smooth trickster's tongue, coaxed and cajoled and coerced them to come out and play in his wonderful new shiny world. These little dwellers were the original Haidas, the first humans."

Al cerrar la puerta me quedé un rato en el umbral tratando de entender lo que había hecho, sentía el pecho oprimido y tuve temor que una vez más empezaría a ahogarme. "El asma es algo que se adquiere en la infancia" pensé, "no después de los cincuenta".

Me di ánimo alejándome de la puerta que nos separaba ¡cómo hubiera querido responderle a

Andrea! Sin embargo el miedo era mayor que mi deseo de no herirla. Fue en ese momento que decidí partir a Vancouver, manejar siempre me ha relajado, atravesar montañas y ciudades es como escapar pero al mismo tiempo llegar a mi destino.

Hace algunos años había hecho el mismo viaje, ¿algunos?, ¡Dios mío! cómo pasa el tiempo.

Hace más de treinta años había partido de Toronto a Vancouver. Recuerdo a papá aconsejándome "debes calcular por lo menos diez días". Yo me sonreí sabiendo que cuatro serían suficientes.

Puse cervezas con hielo en una cava, preparé un termo con dos litros de café, a falta de aire acondicionado bajé los vidrios de las ventanas, metí el pie en el acelerador y después de dieciséis horas estaba en Nipigon, el día siguiente fueron doce horas más hasta Winnipeg y luego repetí otras doce horas hasta divisar Calgary, de allí a Vancouver un suspiro, en catorce horas me encontraba en Red Beach tomando cerveza sin temor a mancharme la ropa.

Esta vez no necesitaba abrir las ventanas porque mi nuevo Honda Accord tenía un excelente sistema de aire acondicionado. Probablemente, eso sí, ahora necesitaría un poco más de tiempo, no porque no pudiera repetir la hazaña de mi época de estudiante, eso que quede claro, pero porque quiero disfrutar del paisaje. Además necesitaba pensar, no sé por qué cada vez que empiezo a salir con alguien, cuando pasamos de hacer el amor varias veces al día a esa tranquilidad que puede alcanzar algunos amaneceres sin orgasmos, me dan deseos de arrancar. Peor aún, cuando quiero acurrucarme en sus brazos y ese solo acto me da felicidad, bueno, al deseo de partir se suma el terror.

Me tomó dos días prepararme para el viaje. Revisar lo esencial para que el auto no diera problemas en el camino, equipo de campamento, el kayak sobre el techo y la poca ropa que se necesita durante el verano. No recuerdo la explicación que le di a Dina, tal vez que era un viaje de negocios, o quizás la verdad: la necesidad de encontrar una respuesta a mi eterno huir.

Había querido escapar de mis contradicciones pasando de Andrea a Dina. Por supuesto, al principio, la nueva relación marchó maravillosamente, sobre todo durante el período en que descubríamos los desconocidos placeres que podíamos darnos el uno al otro. Las técnicas aprendidas con Andrea, haciendo el amor con los ojos abiertos en un cuarto lleno de velas encendidas, habían deleitado a Dina que a su vez, sacó aceites aromáticos del armario y me masajeaba mientras yo me estiraba y ronroneaba como un gato. Pero poco a poco, las sesiones fueron perdiendo fuerza, Dina cerró los ojos para sumergirse nuevamente en sus fantasías, yo empecé a añorar las caderas de Andrea que no se enterraban como vigas en mis muslos y el aburrimiento llegó al máximo cuando el aceite de lavanda cayó sobre una vela y no se armó un incendio porque en mi testarudez, yo había insistido en seguir con los ojos abiertos. A esas alturas, yo ya había decidido terminar con Andrea de todas maneras, así es que cuando nos encontramos, usé a Dina como excusa, sin mencionar que en mis andanzas casi me había carbonizado.

Esta vez no manejé de una vez a Nipigon. Paré en Sudbury y alquilé un cuarto en un hotel frente al lago Ramsey, tampoco llevaba café ni cerveza. Cuando disfruté de la refinada comida acompañada de vino chileno en el restaurante sobre el museo de 'Science North' comprendí que ya no era el rebelde de veinte años y que algunos de mis gustos necesitaban el trabajo bien remunerado que yo afortunadamente tenía.

Al día siguiente no quise partir y decidí acampar en uno de los lagos cercanos a la ciudad. Sin embargo, la humedad afectó mis pulmones y el asma no me dejó dormir. Cansado, a las cuatro de la mañana decidí continuar el camino.

Entre ahogos, calambres en las pantorrillas y

la depresión que había ignorado por años, llegué a Winnipeg tres días más tarde de lo calculado. En el hotel, después de un ansiado baño caliente pedí que subieran la cena a mi cuarto, desechando la oportunidad ofrecida por una de las huéspedes que mientras firmaba el libro de registro, cantaba (en perfecto español) "salsa, salsa, caliente quiero bailar" indicando el número de su cuarto con la punta del lápiz que luego empezó a morder de manera bastante provocativa. Creo que es la primera vez en mi vida consciente que dejo pasar una oportunidad así. Energía me sobra, de eso estoy seguro, nunca he tenido que usar la pastillita azul y una vez que me conocen, las mujeres no pueden olvidarme. Sin embargo este no era el momento de empezar una nueva aventura. Recordé la tragedia que había significado para Andrea el no haber continuado juntos, quise sentirme orgulloso por el efecto que tengo en las hembras, pero la verdad es que mi ego no se sintió complacido, al contrario, cuando esta imagen cruzó mi mente, me embargó la tristeza.

Mientras atravesaba Las Praderas, ya no importaba ir rápido: Manitoba, Saskatchewan, Alberta, las distancias eran incalculables, todo parecía cercano para luego descubrir que mi auto nunca llegaba al punto señalado. El viento cobraba fuerza sobre las vastas planicies, meciendo el trigo que me saludaba en un ondular dorado y verde bajo un cielo que se disputaba la perpetuidad con el horizonte.

En Alberta, el paisaje empezó a cambiar dándole paso a las Montañas Rocallosas que señalaban la división con la Colombia Británica. Decidí tratar nuevamente mi suerte acampando. Hasta ese momento, me había permitido el lujo de buenos hoteles, pero ahora la necesidad de silencio era mayor que el bienestar de un colchón blando y desayuno americano.

Elegí el parque Nacional de Banff, sorprendido de ver poca gente, probablemente porque era el principio de la temporada y los veraneantes aún no habían empezado a llegar. Armé la carpa y salí a caminar, la brisa trajo el olor del agua sulfurosa que me hizo recordar que años atrás me había bañado en unas termas cercanas a este lugar. Mis ojos trataban de abarcar la sinfonía de colores que iban del verde de los árboles y plantas, al turquesa del lago a los picos nevados. Me encontré con dos ciervos y lo tomé como un buen augurio, algo bueno tenía que pasar.

Desmonté el kayak que me llevó por aguas tranquilas y transparentes, reflejando las montañas y los pinos que me rodeaban con tal claridad que en algunos momentos me confundía pensando que la imagen en el agua era la realidad. Seguí navegando hasta alcanzar un islote que también pertenecía al parque provincial en el que me encontraba. Lo más probable es que si en el campamento principal casi no había nadie, en este islote yo sería el único habitante. Aún con problemas de respiración, traté de ignorarlos escuchando el trino de los pájaros y dejando que el sol penetrara por cada poro de mi ser.

Había una playa hermosa, sin rocas y fue fácil desembarcar, el kayak se deslizó suavemente en la arena y ni siquiera me mojé los pies al saltar en tierra firma. Lo arrastré desde la orilla y lo deposité boca abajo protegido por la sombra de un árbol.

Empecé a caminar lentamente, disfrutando la soledad convencido que yo era el único habitante del lugar. Crucé la corta distancia que atravesaba el islote cuando me doy cuenta que había un hombre de espaldas, sentado a orillas del agua.

—Buenos días —saludé preocupado de interrumpir cualquier cosa que el hombre estuviera haciendo.

Al volverse me di cuenta que era un indio americano, tal vez Lakota, realmente no conozco la diferencia, era viejo y su pelo blanco le llegaba a la cintura.

—Buenos días —respondió el hombre y con un gesto me invitó a sentarme a su lado.

—Te estaba esperando —me dijo— tú estás llorando por una visión.

No tenía idea de qué hablaba, pero me senté a su lado.

El indio no volvió a hablar, dejé pasar algunos minutos y empecé a carraspear para llamar la atención hasta que volviera a notar mi presencia.

—Lo primero es el silencio —me dijo— tampoco vas a comer por algún tiempo.

Yo seguía sin comprender, pero capté lo suficiente para saber que debía quedarme callado y saltarme el almuerzo. En cualquier otra circunstancia habría partido sin ni siquiera despedirme, pero las palabras con las que me había recibido, me habían intrigado: "tú estás llorando por una visión".

Esperé un tiempo que me pareció eterno, pero si el movimiento del sol algo indicaba, no debió haber pasado más de una hora. Volví a carraspear pero esta vez no tuve reacción alguna de parte de mi compañero. Seguí esperando y no partía porque el indio me había picado el amor propio, tenía que seguirle el juego, no podía rendirme diciendo: "estoy aburrido porque usted no habla conmigo".

Seguí sentado en silencio, si bien es cierto no

hablábamos, la verborrea mental no paraba. Se me acalambraron las rodillas de tanto estar sentado y cuando estuve a punto de pararme, el indio me miró y dijo: "sigue el ritmo de tu respiración, tu mente está demasiado ocupada, tienes que liberarla, siéntate y concéntrate siguiendo tu aliento".

Cerré los ojos y seguí las instrucciones, esta vez al estar pendiente de contar y seguir las inhalaciones y exhalaciones del aire en mis pulmones mi mente no divagó por todos los rincones del universo. Tuve hambre, hacía ya bastante rato que había pasado la hora de almuerzo, pero yo había elegido meterme en este baile y no iba a tirar la toalla.

Estaba empezando a anochecer cuando el indio se levantó, yo iba a hacer lo mismo cuando él me detuvo diciendo: "amigo, yo no soy el que busca la visión, usted se queda aquí hasta que la encuentre". Luego con una vara marcó un círculo a mi alrededor, dejando no más de diez pies de distancia entre el círculo y yo en el centro.

—Si estás preparado recibirás una visión que te ayudará a responder tus preguntas —decía el indio caminando a mi alrededor— esa enseñanza te llevará a un espacio que nunca antes has visitado. Por el momento no puedes salir del círculo sagrado.

Yo aún seguía sin comprender, sin embargo le obedecía, una parte de mí respondía ciegamente, sabiendo que no tenía opción y debía continuar.

El chamán partió pero antes dejó una botella con agua dentro del círculo por lo que asumí que estaba permitido beberla, al menos no me iba a morir de deshidratación, aunque sí de aburrimiento.

Traté de entender y de darle cierto sentido a lo que me estaba pasando. La historia era algo así: un estúpido que pasado los cincuenta años aún seguía siendo niño, decidió encontrarse a sí mismo arrancando de sus amantes. Atravesó la mitad de Canadá con su Kayak a cuestas y cuando decidió acampar, un indio lo encerró en un círculo que no tenía ninguna gracia excepto que el hombre no se atrevía a salir de él.

Ahora estaba totalmente oscuro y el hambre me hacía sonar las tripas más fuerte que los somorgujos que nadaban en el lago. Por momentos el deseo de levantarme y partir era inaguantable, sin embargo una fuerza superior a mi racionalidad me obligaba a quedarme.

Empezó a hacer frío, la humedad me calaba los huesos y noté ruidos que nunca antes había escuchado. Debo de haberme quedado dormido porque cuando me quise dar cuenta vi que estaba amaneciendo y que el indio había vuelto.

El chamán estaba fuera del círculo y llevaba en sus manos una concha marina humeante
cuyo fuego mantenía al soplarla con una pluma de
águila. Olía a salvia y otras yerbas que mi olfato
no pudo distinguir.

–Si en tres días no tienes tu visión, entonces
podrás abandonar el círculo –dijo el indio lentamente.

Al escuchar sus palabras me sentí aliviado, pues
por un lado, al menos tenía un punto de referen-
cia, si después de tres días sin comer ni dormir,
la famosa aparición llegaba, podría partir. Pero
por otro lado, cada hueso de mi cuerpo estaba en
huelga general, me dolía hasta el dedo chico del
pie, no sabía si sería capaz de aguantar otro medio
minuto y sin embargo me consolaba la idea que
nadie se moría por no comer durante un par de
días, lo importante era la hidratación y agua tenía
suficiente pues al volver el indio había traído otra
botella.

Una voz que venía de mí me recordó: "sigue tu
respiración". Me volví a sentar y mi concentración pasó de los dolores musculares al ritmo de la
respiración que entraba y salía de los pulmones.
En vez de rechazar el dolor, lo acepté como parte
lógica del cuerpo de un hombre que ha dormido

toda la noche sobre la tierra y no un blando colchón. Por primera vez en mi vida, estaba en total silencio, sin distracciones y casi sin darme cuenta, la respiración empezó a volverse más y más lenta cada vez.

Lo próximo que sé es que el sol indicaba medio día, sin embargo no tenía hambre. Los colores del agua y de los árboles eran más intensos que de costumbre, el canto de los pájaros me pareció suficiente compañía y volví a cerrar los ojos sintiendo todos los elementos que me rodeaban.

Las típicas preguntas que me había hecho –y nunca respondido– durante mi juventud, empezaron nuevamente a invadir mis pensamientos: "¿Quién soy? ¿Por qué estoy aquí? Lentamente empecé a salir de mi pequeño ego, para entrar en algo desconocido, algo mayor que no comprendía.

El círculo era el universo y yo estaba sentado en el centro, sin embargo todo se juntaba en ese centro, no era solamente yo, sino los árboles y yo, el agua, las nubes, las piedras, el indio sentado fuera del círculo, Andrea. El centro era el comienzo de todo y también el final de todo lo creado.

La noche volvió a caer y me encontró sentado, observando las estrellas y la luna, escuchando el canto del búho y el salpicar del agua. No creo haber dormido y el amanecer nuevamente llegó con la presencia del indio que una vez más portaba el sahumerio entre sus manos.

Pensé que el olor del incienso calmaría los pulmones adoloridos, pero el efecto fue lo contrario, mi respiración se torno más y más difícil, empecé a toser y tuve miedo a morir. Miré al indio en busca de una respuesta, sin entender por qué necesitaba su aprobación para moverme y partir. Él chamán levantó la vista hasta las ramas de un árbol cercano al círculo, entonces divisé una masa de plumas negras azuladas, luego escuche el graznido proveniente del cuervo que empezó a volar en círculos sobre mi cabeza. Yo caí de rodillas, aún tosiendo, al subir los ojos para seguir el vuelo veo ·que una de sus plumas descendía, flotando hasta posarse en mis manos.

El chamán observaba en silencio, se acercó y empezó a borrar las huellas del círculo, bañándome en el humo que olía a salvia. Me pidió que abriera los brazos, luego se puso detrás de mí esparciendo la fumarada por mi espalda, cabeza y piernas, al ponerse de frente, me dijo que tomara el humo en mis manos y lo esparciera en ojos, boca y corazón. Por fin el aire llenó mis pulmones y empecé a respirar normalmente.

Antes de partir me dijo: "estás naciendo, es por eso que tienes problemas para respirar, pero en pocos días te volverás a sentir bien". Estiró su mano y con reverencia tocó la pluma de cuervo que yo tenía entre las mías.

Podría haberle hecho muchas preguntas, aunque no fue necesario, lo miré a los ojos y nos separamos sin palabras.

Llegué a Vancouver 22 días después de mi partida. Lo primero que hice fue encontrar un buen hotel, dormir y descansar, tratando de comprender la experiencia vivida en Banff. Caminé por horas en el Stanley Park y a orillas del mar, anduve en kayak, siempre solo y en silencio.

Una mañana decidí ir al Museo de Antropología. En mi visita de juventud el nuevo edificio de este museo aún no existía y era una de las atracciones de la ciudad que deseaba visitar. Desde el momento que estacioné el auto y caminé hacia el museo, me sentí fascinado con los postes totémicos, las esculturas y la arquitectura del edificio. Avancé por los pasillos, llegué a la sala central inspirada por la arquitectura de la costa noroeste de la Colombia Británica y habría seguido caminando pero nuevamente empezaron los problemas de respiración y tuve que sentarme. Llegué a un lugar llamado "Rotonda" una sala circular con asientos que me permitieron relajarme y descansar. Cerré los ojos, los volví a abrir y fue en ese instante que noté que en el centro había una curiosa escultura de cedro amarillo.

Puse atención a esa obra de arte, enfrentando la imagen de alas majestuosas y mirada desafiante. Sentí el pecho oprimido y la muerte como una presencia palpable que me observaba desde lejos, esperando pacientemente. Poco a poco me fui calmando hasta que mi vista se incrustó en el cedro tallado por las manos del artista Haida, en aquel momento vi las patas del cuervo posadas sobre la concha gigante, una ostra llena de seres que se empujaban por salir. En ese instante volví a ahogarme, sentí que yo era uno de esos hombrecillos que quería nacer y no podía. Mis manos crispadas se agarraron de la superficie escalonada de esa concha gigantesca, transformándose en mar, en tierra y en aire.

Ahora de pie frente a la escultura sentí que un aceite tibio oloroso a salvia y cedro, entraba por la corona y se esparcía por mi cabeza, bajando luego por la garganta, corazón, brazos, tronco, sexo, piernas y más allá de mis pies se enraizaba con el secreto y la historia de los siglos.

Empecé a acariciar la pluma negro azulada que siempre llevaba conmigo, fue entonces cuando el grito escapó de mi garganta y ese grito abrió el pasaje respiratorio, mientras los pulmones recibían el aire lleno, puro, creador. Había asomado mi cabeza entre las piernas de la tierra. En el transcurso de un minuto, mil vidas y mil muertes desfilaron frente a mis ojos, ante ese pájaro majestuoso que con sus alas envolvía al cosmos y a mí saliendo del útero tibio y sangrante.

El dominio anglosajón

"Birdssss can't talk", *"Birdssss can't talk"*, repetía Arthur mientras observaba su reino desde la cumbre de la jaula. Zurito seguía imperturbable y a pesar de tener la puerta de la jaula abierta, la libertad le importaba un bledo porque seguía engullendo semillas que resbalaban con el agua del bebedero.

Los niños habían insistido en que deseaban tener una mascota en el departamento y como los perros y gatos estaban prohibidos por el dueño del condominio, terminé comprándoles un loro con la promesa que serían ellos quienes limpiarían la jaula y se preocuparían de darle el alpiste. Pedrito y Cecilia, saltaban de alegría:

—¡Un loro —decían—, por fin vamos a tener un animalito en la casa!

Partimos a la tienda de animales y el dueño nos mostró un desaliñado pájaro verde que nos miraba indiferente.

—¿Habla? —le pregunté.

—No, señor, los que han aprendido a hablar son

más caros. Si usted quiere…

—No se preocupe, gracias —respondí, sabiendo que el loro mudo ya sobrepasaba mi presupuesto y mi trabajo de chofer de taxi no me permitía el lujo de un loro parlanchín.

Lo llevamos al departamento, junto con un libro de instrucciones "Cómo enseñarle a hablar a loros y cacatúas". La idea era repetir una palabra, la misma palabra hasta el cansancio.

Mi esposa insistió en que si queríamos integrarlo a la familia debíamos darle un nombre e ignorando a los niños que propusieron llamarlo Michael Jackson, lo bautizamos Zurito.

Ahora tenía que enseñarle a hablar. Recordaba con deleite todos los chistes de loros insultando a suegras y borrachos y me puse manos a la obra. Les prohibí terminantemente a los niños meterse en el proceso de aprendizaje, yo sería el encargado de la instrucción; mal que mal en mi país había sido profesor universitario aunque en Ottawa no había podido ejercer y me tuve que dedicar a chofer. No es que tenga nada en contra de los taxis… pero bueno, esa es otra historia.

Elegí la palabra 'hola' por su simpleza de dicción y si consideramos que la hache es muda, en el fondo estamos enseñando tres letras y dos simples fonemas: O-LA, cualquier pájaro que se respete podría aprenderla.

Todas las mañanas antes de partir, me acercaba a la jaula y repetía "hola, hola, hola" hasta que me quedaba seco y terminaba el café. Zurito me miraba con una indiferencia insultante, no coreaba ni 'pío' y yo partía descorazonado pero siempre con la voluntad de volver a la hora de almuerzo para continuar con mis "hola, hola, hola" y repetir la experiencia después de comida. Mi mujer me observaba con aburrimiento y los niños miraban el techo mientras suspiraban con un "qué le vamos a hacer".

Las cosas habrían continuado en el mismo ritmo si no es por un vecino que un día golpeó a nuestra puerta.

–Vecino, quiero pedirle un favor, fíjese usted que mis niños me contaron que sus hijos tienen un loro y usted lo cuida maravillosamente. Resulta que nosotros también tenemos un loro, pero aunque lo adoramos, no tenemos más remedio que deshacernos de él porque Susan es alérgica a las plumas; entonces yo me preguntaba si usted estaría interesado en tener dos loros en vez de uno.

–¿Habla su loro? –le pregunté recordando los precios de la tienda de animales.

–Por supuesto –dijo el vecino, y con una sonrisa irónica añadió: –Porque todos los loros hablan, ¿verdad?

–Por supuesto –respondí–. Zurito sabe decir Buenos días y los nombres de todos los habitantes de esta casa.

–¡Vaya!, mis hijos me habían dicho que su loro no decía palabra.

–Lo que pasa es que Zurito sólo habla en latín.

–Arthur habla en inglés –respondió el vecino mirándome con aire de superioridad–, además le permitimos volar dentro de la casa porque pensamos que la libertad es fundamental en el desarrollo psicológico de los pájaros.

Esa misma tarde, al volver del trabajo fui recibido por un loro que volaba por el living diciendo "welcome home", "welcome home". Por su parte, Zurito no tenía la menor intención de abandonar la jaula abierta porque quería asegurarse que Arthur no le robaría ni las semillas ni el agua. Me acerqué a Zurito e insistí: "hola, holaaa, hooolaa", pero nada. Esa noche, decidí darle clases extras, poner mayor esfuerzo en la enseñanza de mi discípulo y en vez de los quince minutos acostumbrados, me quedé dos horas al lado del pájaro sin lograr ningún resultado.

A la mañana siguiente me levanté a las seis en

vez de las siete y media y continué con las lecciones. A la hora de almuerzo decidí volver una hora antes y salir de casa una hora después. A los tres días, con este ritmo intensivo de lecciones, Arthur en perfecto español y sin ningún acento había agregado la palabra "hola" a su vocabulario. De todas las frases que repetía el loro miserable, la que más me molestaba era cuando decía "Birds can't talk". Era tan simpático que Zurito quedaba por el suelo.

Esto se había convertido en un desafío, si el loro inglés podía lucirse diciendo 'los pájaros no hablan', Zurito, contra viento y marea, tenía que aprender aunque más no fuera un simple 'hola' en español.

Ahora me estaba levantando a las cuatro de la mañana y no iba a trabajar hasta medio día, mis hijos no me hablaban y mi mujer me amenazó con irse de la casa.

—No es por mí, mujer, es por la raza— le explicaba, pero ella me ignoraba y partía furiosa al trabajo. A estas alturas yo había abandonado el taxi y le dedicaba tiempo completo a Zurito, pero éste seguía sin mostrar el más mínimo interés ni en hablar ni en abandonar la jaula.

La situación no podía seguir así, tenía los nervios de punta y una angustia existencial empeorada con el invierno más frío de los últimos años. Poco a poco empecé a formar un plan en mi cabeza; no le conté a nadie, pero tenía que hacerlo, la vida no podía continuar de esa manera.

El día del asesinato, actúe normalmente, es decir me levanté a las cuatro e insulté a Zurito hasta que el bus escolar pasó por los niños y mi esposa partió después de una mirada de furia capaz de deshacer un témpano. Cuando me encontré solo, abrí la ventana del comedor, dejando entrar los menos cuarenta grados Celsius del invierno canadiense, me dirigí a la jaula y abrí la pequeña puerta que mantenía cerrada durante la noche. Arthur, siguiendo su rutina, salió a volar por la casa, sorprendido al darse cuenta que había más espacio que de costumbre y sin pensarlo dos veces, se lanzó derechito al aire libre. Yo, inmediatamente cerré la ventana, puse la tetera para un chocolate caliente y me acerqué a Zurito que seguía comiendo semillas.

—A ver compadre —le dije—, ya sé que no quieres decir 'hola', pero hazle empeño con 'Birds can't talk'.

Atenea

Se abrió la puerta y mis ojos pestañearon sorprendidos: el sol vivía en esa casa, ese sería mi nuevo hogar. El corredor de propiedades seguía enumerando las ventajas de la vivienda mientras yo, ajena a su discurso, firmaba el contrato de venta con la luz que llenaba el cuarto donde yo habría de despertar cada mañana.

—Sé que usted tiene auto pero es además una gran ventaja que a menos de una cuadra está la parada de autobuses— dijo el hombre.

—Y es iluminada— contesté.

—¿Perdón?— respondió el corredor, cuya mente aún seguía en los beneficios de la parada de autobuses.

—Hay mucha luz en la casa y eso me gusta— aclaré.

—Ahora pasemos a la cocina— continúo el vendedor.

—La compro— respondí.

—Pero la coci...

—La compro— aseguré, —no pienso cocinar seguido, así es que no me interesa ver la cocina, me gusta la luz de la casa, la quiero.

No tengo temor a la soledad pero sí a la oscuridad. No a la oscuridad de la noche sino a la del encierro.

Cuando comprendí que ya no podía seguir viviendo con Francisco, busqué otro lugar para mi vida, y me aterrorizaba la idea de envejecer en un cuarto oscuro. Mi proyección del futuro era la de una anciana encorvada y vestida de negro, asustada, desvaneciéndose en la oscuridad, pero en el momento en que vi la luz de la casa que visitaba con el corredor, la viejecilla empezó a desvanecerse. Cual Zeus, la luz partió su cabeza y yo, no Atenea, salí de ese cuerpo encorvado, transformándome en una diosa con túnica blanca, transparente como la luz que me hería los ojos, y con una roja cabellera hasta los muslos.

Mi nueva vida empezaba. Allí estaba, en el suelo, la piel de la anciana, igual que la muda de las culebras, derrumbada como mi vida con Francisco. Sólo que esta vez, entre las escamas, había emergido una diosa de pelo rojo llevando una lanza en la mano derecha, lista a defenderse de los fantasmas que la acosaban.

A los pocos días ya me había instalado en la

nueva casa. Mi primera decisión fue no ponerle cortinas a mi cuarto para así recibir el sol en todos los rincones. Necesitaba, además, convencerme que estaba sola, porque lo primero que habría hecho Francisco hubiera sido medir las ventanas para comprar gruesas persianas que no dejaran pasar el día y oscurecieran aún más la noche. También llené la casa de rosas rojas y anaranjadas ya que necesitaba calor para seguir adelante.

Entre costumbre y resentimientos habíamos logrado acumular veinte años de vida juntos. Ni siquiera teníamos la excusa de los hijos porque no existían. Nuestra única razón para continuar el matrimonio era una apatía que toleraba el aburrimiento pensando que salir de la rutina era imposible. La casa y los autos estaban pagados, igual que el chalet en el campo. Los dos teníamos un trabajo estable con un seguro que solventaba cualquier enfermedad, remedios y dentista. ¿Qué más quiere uno en la vida? pensaba yo mientras miraba a Francisco cambiar el canal de la televisión buscando cualquier programa que mostrara un partido de golf, no importaba quién ni dónde se jugaba, una pelota y un palo calificaban inmediatamente para dejar de apretar el control remoto y olvidarse del mundo. Este era el único "swing" de mi vida. Muchas veces llegué a pensar que el control remoto era un anticonceptivo más eficiente que la píldora.

Pobre Francisco, ahora desde mi pieza sin cortinas lo comprendo mejor. Él estaba tan aburrido como yo, y tenía el mismo miedo de volver a empezar la vida de soltero dos décadas después de haber decidido vivir para siempre con la misma mujer. No sé si nos casamos porque estábamos enamorados o simplemente por comodidad, tal vez un poco de las dos cosas. En un principio, pasión sí había, pero duró sólo los primeros años de matrimonio, poco a poco se fue desvaneciendo entre bostezos, partidos de golf, jugo de toronja y café al desayuno. Llegué a pensar que era lo natural porque no deseaba hacer el amor con mi marido, pero tampoco me atraía la piel de otros hombres que se me cruzaban por el camino.

—Son las hormonas —me dije— cuando las mujeres empezamos a envejecer, las hormonas cambian.

Esta teoría de las hormonas me ayudó a sobrevivir algunos años —hasta el día que conocí a Marcos. Estaba yo en mi oficina cuando aún antes de que él entrara mis sentidos olieron su presencia y de un salto las hormonas volvieron a la adolescencia. Marcos no discutía mucho de historia ni filosofía, lo que importaba bien poco porque no desayunábamos juntos. Nuestros encuentros eran 'en su departamento durante el día, y ahí no nos dedicábamos a conversar sino a entrelazar nuestros cuerpos en una danza cuyo ritmo yo había desconocido durante todos mis años de matrimonio.

Mi marido nunca olió la colonia de Marcos impregnada en mi cuerpo porque él decidió partir con una morena estupenda que lo había impregnado con su perfume propio. Fue entonces cuando decidimos vender nuestra casa y darnos la oportunidad de volver a vivir para realizar los sueños que antes creíamos imposibles. No hubo resentimientos y creo que en ese momento empezamos a ser amigos.

Lo de Marcos no podía durar; mal que mal a mí me gusta la historia y la filosofía. Así es que empecé mi nueva vida sola pero llena de una luz que realmente no emerge sólo de la casa nueva sino de mí y se extiende hacía el futuro como una premonición.

Ya Sófocles me lo había advertido: "¡Atenea, la más querida para mí de las divinidades! ¡Qué luminosa, cuán radiante, aún siendo invisible!".

Azul

Tal vez la mayor diferencia entre la nieve de su juventud y la de ahora, es el color, al menos en el espejo de la mente de Laura, la nieve de esa época era azul, en cambio la de ahora es blanca, aburridamente blanca. Otros inviernos seguidos de primaverales tulipanes han pasado por la vida de Laura, pero en un rincón perdido entre el bosque de malezas y recuerdos siempre supo que el secreto de la felicidad se escondía en la última frase que su ángel de la nieve azul le había dado.

Como todos los fines de semana, Cecilia y Laura habían partido a la montaña que se levantaba al este de la ciudad. Primero, debían tomar el autobús que las llevaría a "Río Sur", un pequeño pueblo de mil habitantes, donde se juntarían con el resto del grupo, para luego caminar los siete kilómetros que las separaba del caserío al pie de la montaña donde practicaban escalamiento, amarrando cuerdas en sus cinturas, siguiendo las órdenes del instructor que les enseñaba a ignorar el vértigo y olvidarse del abismo que se abría a sus pies.

Al bajarse del autobús, cuando divisaron las nubes oscuras con presagio de tormenta, Laura y Cecilia -pensando que sólo tendrían una nevazón pasajera- se extrañaron de no ver a sus compañeros y decidieron partir con la seguridad que luego el resto de los muchachos las alcanzarían.

Empezaron a caminar bajo una nevisca fina que caía suavemente, aterrizando en manos, rocas, pelo y suelo. Se sentían contentas y empezaron a jugar, abriendo la boca para recibir los copos que se deshacían en sus lenguas, lanzando bolas de nieve que aterrizan en sus brazos y cabezas, riendo mientras corrían. Tuvieron tiempo de observar la unicidad de los cristales en la nieve, formados de pequeños, pequeñísimos triángulos, estrellas, círculos y romboides transparentes, pero después de dos kilómetros la nieve fue cambiando por otra más gruesa que pesaba sobre sus hombros y mochilas.

A los cinco kilómetros de caminata, la nieve era tan tupida que no podían distinguir el camino y decidieron que lo mejor era continuar por la orilla del río porque al pasar éste por el caserío al que se dirigían, tendrían la seguridad de ir en la dirección correcta. Por un momento dudaron en volver, pero intuyeron que era menos arriesgado el continuar porque ya habían avanzado casi las tres cuartas partes del camino.

En la ruta, cada vez más difícil, los pies entumecidos se negaban a avanzar, como si tuvieran vida propia, separados de las piernas y cabeza que los gobernaban, y cuando lograban moverlos, en cada paso se enterraban hasta las rodillas en la nieve acumulada, llegando a la extenuación. Laura sintió un letargo que la impulsaba a olvidar el camino, cerrar los ojos y soñar. Fue entonces cuando volvió a mirar a su alrededor sin comprender por qué todo se había transformado de blanco a un azul intenso, donde columnas de cristal del mismo color subían hasta perderse en el cielo, sus ojos trataban de mantenerse abiertos pero el frío, el viento y el peso de la nieve los cerraban. Deseaba dormir, tenderse en el hielo y olvidar que tenía que seguir adelante, pero haciendo un esfuerzo se las arregló para dar otro paso y avanzar.

—Sigue caminando, sigue caminando —le gritó a Cecilia con desesperación.

—No puedo, déjame tranquila —repitió su amiga, exhausta en una voz casi imperceptible, cerrando los ojos y dejándose caer, vencida, sobre el hielo azul.

En ese momento se dieron cuenta que el río también había desaparecido, probablemente bajo la nieve que ahora no las dejaba ver ni siquiera la extensión de sus propias manos. Pero siguieron avanzando guiadas por el instinto y un temor a sucumbir que nunca antes habían imaginado. Estaban preparadas a morir por la revolución, al menos así se habían convencido durante las largas conversaciones en el café "Puskin", pero morir congeladas era de idiotas.

–Sigue caminando, Ceci, muévete por favor muévete.

–No puedo más, déjame tranquila.

–Si no te *movís* nos morimos.

–No me importa, sigue tú.

–¿Cómo te voy a dejar sola? ¿*estai* loca?

–Pásate un pucho –dijo Cecilia.

Haciendo una carpa bajo su sweater, Laura se las arregló para que el viento no apagara el fósforo y prendió el cigarrillo sin filtro con nombre inglés. Puso el pucho en la amoratada boca de su amiga y trató de ver a través del viento y la nieve que les golpeaba de frente.

–No te lo fumís todo –susurró Laura, mientras seguía tratando de ver algo más allá de la cortina azul. De pronto su mirada se encontró con algo diferente, la nieve frente a ellas perdía la uniformidad y formas ovaladas de un azul aún más profundo que el del hielo y de los castillos de cristal, aparecían una tras otra en simétrico diseño.

–Ceci –gritó Laura –estas son huellas.

–Claro –contestó Cecilia –el día está tan bonito que alguien salió de paseo y nos dejó las huellitas listas pa'seguirlas.

–Son huellas, te digo, y tienen que ser frescas porque de otra manera ya estarían cubiertas de nieve. Muévete, vamos, vamos.

Empezaron a seguir las huellas sin poder levantar la mirada debido a la inclemencia del viento. Cada paso que daban era un esfuerzo demoledor, pero una energía desconocida las ayudó a continuar.

–Escucho música – dijo Cecilia.

Esta vez fue Laura la que la miró incrédula.

–Es la novena de Beethoven – insistió su amiga, y entonces Laura le creyó porque también la estaba escuchando. "Ahora sí que nos llegó" pensó Laura, convencida que se habían congelado, esperando ver ángeles tocando sus arpas para recibirlas y desentumecerlas.

–Ahí hay casas –grito Cecilia, haciendo que Laura olvidara las arpas y las nubes con seres celestiales.

Frente a ellas se divisaba la primera casa de

piedras grises cubierta de nieve que cambiaba de blanca a ese azul que Laura no comprendía. Empezaron a caminar más rápido hasta llegar a la puerta que golpearon con angustia. No pasó mucho tiempo cuando un joven un poco mayor que ellas abrió la puerta y sin una pregunta, las hizo entrar mientras les tendía dos tazones de chocolate caliente que tenía preparados sobre la mesa.

–Seguimos las huellas –trató de explicar Cecilia.

–Lo sé –contestó el desconocido –las hice yo.

Laura miró a su amiga, asustada, abriendo los ojos como ella hacía siempre que sentía temor, volviendo luego a fijar la mirada en su anfitrión.

–Es que tenía la tincada que alguien necesitaba ayuda –dijo Miguel Ángel, que era así como se llamaba ese joven de pelo negro y ojos azules como la extraña nieve que los rodeaba.

– Sentí la necesidad de caminar para abrir huella y lo hice.

Miguel Ángel había decidido pasar el invierno en su refugio en la cordillera. Quería desconectarse del mundo exterior para poder escuchar lo que su mundo interno deseaba transmitirle. Aunque después de compartir una semana de oscuros días y noches de tormenta, Cecilia y Laura comprendieron que él no necesitaba esconderse en la montaña para aislarse. Desde pequeño había sido diferente, hablaba con su abuela que había muerto y veía en los espejos a personas inexistentes. En su cabaña cordillerana había sólo un disco que se repetía incesantemente, una y otra vez hasta el cansancio, era la novena de Beethoven a cuyo ritmo bailaban el viento y la nieve de cristal azul.

Ángel hablaba poco, la verdad es que casi no decía palabra. Cuán distinto ese silencio a otros que Laura tuvo que vivir después. Hay silencio que incluye y otro que desprecia. El de Ángel incluía a Cecilia, a Laura, a la nieve, al viento y a Beethoven. Al principio las visitantes no paraban de hablar, tratando de comprender lo que estaba sucediendo, hasta que cansadas de palabras decidieron unirse a Miguel Ángel en su silencio abrazador. Recién entonces empezaron a sentirse cómodas. Laura ya no sentía miedo y poco a poco fue sumergiéndose en la magia azul.

Fue alrededor del segundo, quizás el tercer día cuando Laura empezó a notar que cada vez que Ángel la miraba ella bajaba la vista y rogaba en silencio para que la tormenta continuara bloqueando las salidas al camino. Ángel no era revolucionario y hablaba con fantasmas pero hasta Cecilia estaba de acuerdo que esos eran detalles que se podían obviar, después de todo él les había salvado la vida.

Cuando se sentaban frente a la ventana a mirar y sentir como el viento mecía desde los árboles hasta los cimientos de la casa, ella suspiraba sin saber por qué. Entonces un día, posiblemente el tercero o tal vez el cuarto, difícil de recordar porque los días y las noches habían desaparecido, Laura sintió que una mano acariciaba la de ella y al comprender que no era el viento sino la cara de Ángel la que tocaba su mejilla, sintió temor. Esa noche durmieron juntos, vestidos y acurrucados bajo las mantas para protegerse del frío. Cecilia los dejó solos. Pero ni Ángel ni Laura tenían apuro, se besaron suavemente descubriendo que sus cuerpos se extendían más allá de los suspiros y de las manos entrelazadas.

—¿Eres virgen? —le preguntó él.

—Sí, pero no importa —contestó ella

—¿Qué quieres decir?

—Bueno, que soy revolucionaria y las mujeres revolucionarias somos libres, así es que no importa si dejo de ser virgen —respondió sin estar muy convencida pero repitiendo las palabras aprendidas en la cafetería universitaria.

Ángel la miró por un largo tiempo, la volvió a besar dulcemente y apegándose más a ella le dijo

—yo no soy revolucionario —y después de esto se durmieron hasta que el ruido de Cecilia preparando el té de la mañana, los despertó.

Laura sintió que una luz le quemaba la cara, no quería abrir los ojos pero tuvo que hacerlo. Era el sol avisando que la tormenta había terminado y era tiempo de partir.

Ángel caminó con ellas los siete kilómetros hasta "Río Sur" para que tomaran el bus. Al despedirse le dijo a Laura —chiquita, eres tan dulce. El amor que nace de ti fluye como las olas del mar, pero nunca olvides que tú eres la primera persona que debe bañarse en sus aguas.

Nunca se volvieron a ver, pero sus palabras quedaron atrapadas en una circunvolución azul de la mente de Laura. Pasaron demasiados años antes de empezar a comprender la fuerza del significado de esa frase. Hasta que una mañana de un país lejano, Laura despertó sintiendo que sus manos ya no estaban frías sino llenas de una tibieza desconocida, se levantó y al mirarse en el espejo de cristal, supo que era bella.

Capullo de vida

Mientras abría la puerta que daba al jardín, el olor a tierra húmeda de primavera traspasó el olfato de Lucía. Las flores brotando de los árboles de damascos y ciruelos, brillaban con las últimas gotas de lluvia en las que ahora se reflejaba el sol. La niña sonrió agradecida por la oportunidad de volver a jugar en el patio de su casa, y corrió hacia el columpio que colgaba debajo de un arce cubierto de pequeñas y delicadas hojas nuevas.

La nana no la dejaba salir con lluvia, insistiendo que se podía resfriar, y durante esos días Lucía debía quedarse en casa, prisionera de las barras de cristal que cerraban las ventanas. Mientras se balanceaba, Lucía observó que en el ciruelo había una figura arrastrándose lenta, muy lentamente, yendo de una rama a otra pasando sobre las gotas de agua y acunándose en las hojas de color morado. La niña se bajó del columpio y empezó a seguir al gusano para ver donde terminaba el paseo, sin embargo su curiosidad quedó insatisfecha porque de pronto la oruga dejó de desplazarse y se acurrucó sobre un manojo de flores blancas. Lucía lo empujó con el dedo y aún así no se movió.

La niña entró a su casa buscando a la nana en la cocina y tirándola del delantal la obligó a venir al lado del árbol en el que se encontraba el gusano inmóvil.

—¿Qué le pasa?— preguntó Lucía a la nana.

—¿Qué le pasa a quién?— respondió la nana impaciente, sabiendo que aún le quedaba bastante trabajo para terminar la cena antes de que llegara el resto de la familia.

—Al gusano —dijo Lucía— el gusano no se mueve.

—Probablemente se va a convertir en mariposa— respondió la nana mientras arrastraba los pies de vuelta a la cocina.

—Mariposa— gritó Lucía mientras las imágenes de alas de colores le llenaban los ojos, el alma y los pensamientos. Corrió a la casa para buscar una pequeña caja transparente y al encontrarla salió de vuelta al jardín, tomó la oruga y la depositó en ella para luego llevarla a su pieza y observarla.

Todos los días sucedía un milagro, casi invisible a los ojos de la nana, pero no a la mirada de Lucía que la vigilaba constantemente. Poco a poco, la alargada forma cambió a una ovalada, luego el capullo varió de color absorbiendo el verde azulado de la ventana en que la niña había depositado la caja. Más tarde unas líneas anaranjadas atravesaron el cuerpo dormido anunciando un despertar cercano, y en cada cambio Lucía esperaba con ansias el nacer de las alas de colores, pero las alas no emergían y la niña se aburrió de esperar.

Fue así como una tarde, ansiosa de admirar el arco iris escondido, con un par de tijeras muy finas Lucía cortó la sedosa envoltura, poco a poco con el aliento entrecortado, esperando la revelación, lista a encontrar el milagro que no apareció porque bajo el capullo sólo había un ser híbrido que no había terminado de crecer.

Pasaron los años y Lucía dejó el jardín de su infancia para viajar a otros jardines con flores, gusanos y mariposas, y cada vez que uno de sus hijos quería cortar el capullo de una desafortunada oruga, Lucía les enseñaba a esperar hasta que llegara el momento preciso. Los hijos crecieron y decidieron volar a países lejanos y exóticos, dejando a Lucía sola y temerosa, sin jardín ni flores sólo luces de colores que observaba desde su balcón tratando de comprender por qué la vida cambia a cada instante.

Había transcurrido una eternidad entre el ahora y el día en que Lucía había encontrado el capullo en el jardín de su infancia. Sin embargo la niña que aún vivía en ella, recordaba que para ver las alas de colores tenía que esperar, entonces se sentó a mirar las puestas de sol, sabiendo que el capullo del fin de su vida adulta tenía que abrirse, lentamente y sin tijeras. Se encerró en su mortaja de seda, pasaron tormentas y eclipses tiempo durante el cual afortunadamente nadie vino a interrumpirla, entonces un día de primavera, el sol tocó el alma de la mujer niña y la mariposa de pelo blanco volvió a nacer.

Cara y sello

La despertó el ruido. Susana miró el reloj, era la una de la mañana.

—Abre, puta de mierda —gritaba el hombre que pateaba y golpeaba la puerta con puños de hierro.

Susana se paralizó "cuan diferente sería" pensó ella "si mis hijos estuvieran en casa o por lo menos un marido que saliera a defenderme de este energúmeno amenazando con derribar mi piso".

Con angustia tomó el teléfono sabiendo que debía hacer dos llamadas. La primera a la policía y la segunda al cuidador del edificio para que tomara acción de inmediato.

La policía llegó antes pues el cuidador como de costumbre estaba durmiendo y necesitó algún tiempo para reaccionar. No era la primera vez que Susana tenía que despertarlo para una emergencia y ella ya conocía su incompetencia.

Se llevaron al hombre que resultó ser un borracho perdido, después que ella le dio toda la información requerida a la policía y amenazó al cuidador con perder su trabajo por no llegar a tiempo.

¿En quién podían confiar los ancianos y las mujeres solas del edificio de departamentos, si ni siquiera el guardia respondía con sus deberes?

A Susana se la había pasado el sueño. Ella tenía problemas para dormir y si algo o alguien la despertaba, no podía volver a la cama.

Se sentó frente al computador y empezó a escribir esta historia:

La despertó el ruido. Susana miró el reloj, era la una de la mañana y pensó en la ironía que justo el único día que había decidido acostarse temprano, un loco se empeñaba en patear su puerta.

Al terminar de despertarse se dio cuenta que la voz era la de un tipo totalmente borracho y en vez de enojarse sintió algo de compasión por el ridículo que ese hombre estaba haciendo porque era evidente que se había confundido de puerta.

Sin saber por qué Susana empezó a reírse, no con la risita nerviosa de la ocasión, pero con una risa de verdad que le salía a gorgoritos mientras pensaba como gozarían sus hijos cuando ella les contara por e-mail, la estupidez de la situación que estaba viviendo.

Se acercó a la puerta para asegurarse que tenía los dos pestillos pasados y luego, en una voz lo suficientemente alta, para despejar las dudas de cualquier vecino que podía estar escuchando, dijo:

–Perdone, pero creo que se ha equivocado.

–¿Está segura? –respondió el hombre asombrado.

–Por supuesto –dijo Susana, empezando a perder la paciencia.

–¿No es éste el departamento 305? –preguntó el hombre

–No –respondió Susana– es el 304.

Después de una larga pausa, el borracho se excusó repitiendo: –Lo siento señora, pero parece que me equivoqué de puerta.

–La una de la mañana no es hora para equivocarse– respondió

Susana enojada.

No hubo respuesta, sólo el ruido de pasos trastabillando por el pasillo.

A Susana se le había pasado el sueño. Ella no tenía problemas para dormir y siempre lo hacía como roca, pero era noctámbula por naturaleza y estaba acostumbrada a escribir hasta altas horas de la madrugada.

Se sentó frente al computador y empezó a escribir esta historia:

La despertó el ruido. Susana miró el reloj, era la una de la mañana...

La Gorda

Prefería contar en kilos porque en libras era más del doble y su cuerpo podía arrastrar 140 kilos pero su mente no aguantaba 320 libras.

La Gorda estaba acostumbrada a ser gorda, su mamá se enorgullecía al contar que al nacer había pesado cinco kilos y medio y a la semana de amamantarla, había tenido que complementar su alimentación con ocho biberones diarios que la niña se tragaba con angustia.

Por supuesto que la Gorda tenía nombre pero nunca nadie lo usaba, ni ella misma. Siempre durante su niñez y luego en su adolescencia, respondió al único apodo que la había acompañado desde el momento de su nacimiento en que el cura había preguntado –¿qué nombre le van a poner a esta gordita?–La respuesta de sus padres quedó registrada y olvidada en el certificado de nacimiento.

A estas alturas de la historia nos podríamos poner trágicos y decir que la Gorda tuvo una infancia desgraciada, con los niños riéndose de ella y cosas por el estilo, pero la verdad es que su infancia fue feliz y aunque no corría rápido, y siempre la pillaban cuando jugaban al escondite, sus amigos la aceptaban y querían porque la Gorda los hacía reír con sus chistes, les ayudaba a terminar los rompecabezas y compartía su merienda con todos.

Su mejor amigo era José, no tan gordo como ella, pero lo suficientemente rellenito en carnes como para solidarizar en una amistad que los llevó de la infancia a la juventud.

Por doce años viajaron en el mismo autobús, que los llevaba a la misma escuela, la misma clase y los mismos exámenes. Doce años en que la Gorda se ponía cada día más gorda mientras José se estilizaba, cambiaba de voz y empezaba a lucir los primeros cortes causados por las hojas de afeitar heredadas de su papá.

El día de la graduación se acercaba y la Gorda ni siquiera pensó con quién ir a la fiesta porque no se le pasaba por la mente tener otro compañero que no fuera el amigo con quién había compartido cientos, probablemente miles de chocolates calientes durante los largos inviernos de estudio, libros y conversaciones.

Una semana antes de la ocasión, viendo que José no había tocado el tema, la Gorda le preguntó —¿a qué hora me vas a pasar a buscar para ir a la fiesta?

José abrió los ojos sorprendidos y respondió –pero Gorda, yo nunca te he dicho que vamos a ir juntos.

Sin entender lo que pasaba, la Gorda preguntó —¿pero si no vas conmigo, con quién vas?

—Con Lola —respondió José— todo el mundo lo sabe.

—Yo pensé que éramos amigos —murmuró la Gorda desencantada.

—Claro que somos amigos.

—Entonces, por qué no me llevas a la fiesta— insistió la Gorda.

—Porque a las fiestas uno va con su pareja.

—Y ¿no soy yo tu pareja?

—Pero Gorda —se rió José— a mí no se me ocurriría tenerte como novia.

La Gorda miró al fondo del autobús y se encontró con Lola riendo con dos muchachos hipnotizados por la argolla que ella lucía en el ombligo y que se bamboleaba al ritmo de la risa.

Hay momentos que duran un segundo sin embargo se insertan en el corazón por el resto de nuestra vida. La impúdica argolla de Lola, fue la respuesta que José prefirió callar. En la mente de la Gorda, se abrió un espejo que la reflejó por primera vez, haciéndola comprender por qué José prefería ir con alguien que podía lucir pantalones apretados, argollas insertadas en lugares estratégicos y poca ropa interior porque no tenía nada que levantar, ocultar ni temer.

La primera reacción de la Gorda fue encerrarse en su pieza a comer: dos cajas de chocolate, una bolsa familiar de papas fritas, dulce de leche, además de tres bebidas gaseosas que le ayudaron a resbalar la sal de las papas. Cuando hizo crujir la última papa que trituraba entre sus dientes, había tomado una decisión, se pondría a dieta para lucir no una sino tres argollas en el ombligo. Estaba furiosa, si el mundo no veía su alma detrás de los kilos, ella se encargaría de mostrársela.

Al salir de su habitación tenía la mirada afiebrada con el brillo de la determinación, su madre la vio pasar a través de la sala, en dirección al teléfono, donde empezó a llamar a diferentes clínicas y regatear presupuestos, porque para su sorpresa, la Gorda descubrió que debía bajar entre ochenta y ochenta y cinco kilos, pues las estadísticas insistían que su peso ideal era entre cincuenta y cinco a sesenta kilos.

Al salir del consultorio médico, la Gorda estaba feliz, de acuerdo a la nutricionista, lo único que debía hacer la primera semana era llevar un preciso control escrito de todo lo que consumiera. Escribió sin parar y comió más que de costumbre para dar una buena impresión en la clínica. Al final de la semana había subido un kilo y la Gorda volvió indignada al consultorio, decidida a pedir que le devolvieran el dinero.

Le explicaron que la dieta aún no había empezado y que lo de la escritura había sido para conocer sus hábitos alimenticios. –Esta semana sí que empezamos– continuó la enfermera.

Esta vez, la Gorda no salió tan contenta, no sabía si la lista de alimentos que llevaba en sus manos, era un mal chiste o verdad, terminó por convencerse que eso era lo que debía comer esa semana y partió al supermercado. En el camino se detuvo a comprar tres argollas para el ombligo y miró desafiante la cara de risa del vendedor.

Hambre, era algo desconocido en el vocabulario de la Gorda, pero ella estaba decidida y su furia era mayor que la angustia de sus tripas reclamando sin cesar. Su imaginación la ayudaba a transformar los diez vasos de agua diarios en espumantes y dulces refrescos, aunque el mejor antídoto a su adicción, era la imagen del ombligo de Lola reflejada en los ojos de José.

La fuerza de voluntad de la Gorda se vio recompensada cuando, una semana después, al volver a la clínica, la felicitaron por haber bajado cinco kilos. A ese paso, en nueve meses, estaría más flaca y con más anillos que la Lola.

Empezó a estudiar ingeniería y como la universidad elegida quedaba en otra ciudad, le Gorda se despidió de José y de sus amigos, entre abrazos y promesas de escribirse correos electrónicos.

Con una fuerza de voluntad desconocida, la Gorda fue bajando de tallas, apretando los puños cada vez que veía los avisos de hamburguesas, papas fritas y helados, llorando de angustia cuando no se podía concentrar en el estudio, mientras su compañera de cuarto en la residencia universitaria devoraba olorosos quesos y largas longanizas que la mamá le había mandado del campo.

A los dos meses la Gorda tuvo que comprarse pantalones nuevos porque los que tenía, le flotaban como vela al viento. A los tres meses se inscribió en el gimnasio de la universidad, combinando la gimnasia aeróbica con pesas, a los seis meses y con talla 12, no se reconocía en el espejo.

Cuando volvió a casa durante las vacaciones de verano, pesando sesenta kilos (se negó a los cincuenta y cinco porque habría bajado curvas que ella deseaba mantener), nadie si siquiera su madre la reconoció. Sin embargo la Gorda sabía que era la misma, tenía los mismos sueños, los mismos ideales y el mismo enamoramiento por José a quién volvería a ver depués de todos estos meses. A través de la correspondencia electrónica se había enterado que Lola lo había dejado plantado para irse con el profesor de matemáticas, pero la Gorda nunca le había mencionado lo de la dieta, esperando sorprenderlo y luego invitarlo a observar la postura de anillos umbilicales, símbolos de su compromiso.

Cuando la Gorda abrió la puerta, José sin reconocerla le preguntó "¿Está la Gorda?" Y luego con una mirada que recorría cada rincón de su nuevo y delgado cuerpo, agregó "¿y tú guapa, eres amiga de la Gorda?"

–Sí dijo la Gorda riendo, yo soy la mejor amiga de la Gorda.

José reconoció la risa y la voz, sin embargo no lograba conectar ese nuevo cuerpo con la amiga que no había visto por nueve meses.

–Córtala José –se siguió riendo la Gorda, ya sé que bajé de peso pero no puedo estar tan diferente.

José tuvo que afirmarse del dintel de la puerta, tratando de reconocer a su amiga detrás de esos labios carnosos, caderas talla diez y los 60 kilos de curvas más deliciosos que había visto en su vida.

–Inés– dijo José, porque era así como se llamaba la

Gorda —¿eres tú realmente?, ¿qué pasó con la Gorda?

—Se disolvió —rió Inés.

Partieron por las calles del pueblo que los había visto crecer e Inés se sintió tremendamente incómoda cuando José entrelazó sus dedos con los de ella, preguntándose por qué en todos los años de amistad, era ahora, la primera, la única vez que José la tomaba de la mano al caminar.

Se sentaron en un banco del parque y José la abrazó diciendo —no puedo convencerme de cómo has cambiado, estás convertida en un ser diferente.

Zafándose del abrazo, Inés respondió —que yo sepa mi corazón no ha adelgazado.

Pero, José no escuchaba, su mente recorría los muslos, la cintura y los brazos de Inés. Esta vez volvió a intentar el abrazo diciendo que la había estado esperando, que la había querido siempre, que ese verano sería el mejor de sus vidas y con cada frase, sus manos bajaban y subían recorriendo el nuevo cuerpo, mientras Inés lo observaba, pero al mismo tiempo se observaba a sí misma, incrédula porque no deseaba esos besos ni tampoco las caricias soñadas por tanto tiempo.

En ese momento, parando los arrumacos, Inés le preguntó —¿a quién quieres realmente? ¿A la Gorda o a Inés?

José la miró sin comprender la pregunta y no respondió porque deseaba acercarse más a ella, deseaba chupar esos labios, morderla, tocarla entera, perderse en ella. –Inesita, cosita rica.

–Para– grito Inés, te estoy haciendo una pregunta. –Si yo siguiera gorda, ¿me querrías igual?

José no comprendió la cuestión, su mente sólo tenía espacio para Inés, la Gorda no existía, era de otro mundo, del grupo que se puede tolerar como amiga pero no como amante, y riéndose dijo lo que verdaderamente sentía –Inés, querida, como voy a querer salir con la Gorda, todo el mundo se reiría de mí.

Inés, lo miró, y sin decir una palabra se levantó del banco de la plaza, ni siquiera dijo adiós cuando empezó a caminar rumbo a la tienda para devolver las argollas que su ombligo nunca luciría.

Llegó a su casa, entró a la cocina, abrió un paquete de papas fritas y una bebida regular, no más dietas. Al día siguiente había subido dos libras, esta vez no quería contar en kilos, en libras era más rápido.

Las burbujas

Los cuerpos, cual monigotes de trapo, descendían enmarañándose en las algas verduscas que ondulaban en silencio. Brazos y cabezas, piernas y hombros se estrellaban contra las oscuras rocas asentadas en el fondo del río, mientras las burbujas de aire subían a una velocidad constante y monótona, hasta toparse con el líquido viscoso de la superficie. Laura hizo un esfuerzo por abrir los ojos y salir de la pesadilla que se repetía noche tras noche. Se sentó en la cama, despertando con la angustia del pecho oprimido, no podía respirar y un grito de ansiedad abrió el pasaje que llevaba el aire hasta sus pulmones.

Jadeando, alcanzó el vaso de agua que mantenía en su mesita de noche, tomó largos sorbos para apaciguar la angustia que seguía aplastando sus pulmones y trató de calmarse siguiendo el ritmo de su respiración. Poco a poco el aliento se volvió a normalizar y nuevamente volvió a hundirse en su sueño.

Los cuerpos seguían cayendo, el de la niña se dejaba arrastrar por el peso de las enaguas y la falda larga, sin resistencia, caía, mientras la cofia se desprendía de su cabeza y los zapatos empezaban a flotar lejos de sus pies. El hombre, al contrario de la chica, ponía resistencia y sus gritos se apagaban, dando forma a las burbujas que subían a la superficie. Otros cuerpos también luchaban contra el agua, pero sólo la niña y el hombre eran el centro de atención en el sueño de Laura.

Ahora la niña ya no estaba bajo el agua, sino en la superficie del barco que la llevaba lejos de casa. Sus padres habían muerto y su tutor la miraba seriamente desde la baranda del barco. La chiquilla sabía que él disimulaba, que su mirada cambiaba cuando estaban los dos solos, cuando él metía sus manos entre sus piernas y empezaba a subirle la falda, mientras al oído le susurraba que no había nada que temer, que él la protegería siempre, que ella era muy joven para entender, que a los trece años esas cosas se malinterpretaban, pero que cuando fuera grande se lo agradecería.

Había una parte de ella que deseaba creerle, porque quería que la cuidaran, que se preocuparan de su ropa y su comida tal como lo había hecho su madre, y le contaran cuentos antes de dormir, como lo había hecho su padre. Sin embargo otra parte de su ser quería gritar, protestar, aullar y correr por las calles revelando el secreto a todos los vecinos, al cura de la iglesia donde habían enterrado a sus padres y a Dios.

Dios, si él lo había aceptado, entonces ella también tenía que aceptarlo, olvidar las manos que seguían subiendo y dejarlas moverse. Su tutor había sido elegido por Dios, entonces, todo estaba bien, tenía que aceptar, tenía que olvidar, sin pensar, sin resistir, sin sentir.

Su tutor seguía mirándola desde la baranda, cuando se sintió el ruido, nunca supo la niña que había pasado, sólo que el agua subió a bordo y el barco empezó a hundirse bajo sus pies. Y ella se sintió contenta, dejándose llevar por las aguas que la arrastraban hacia el fondo mientras escuchaba los gritos del hombre mezclado con los gritos de otros pasajeros.

Laura volvió a despertarse, pero esta vez no tenía problemas para respirar, sólo una enorme tristeza por esa niña de su sueño, esa niña que no se había permitido llorar, ni sentir, ni vivir, entonces Laura decidió llorar por ella, para así liberarla de su dolor. Laura estaba convencida que si ella se permitía sentir las emociones que la niña se había negado, podría redimirla para siempre, aunque hubieran pasado dos siglos y Laura ya no usaba faldas largas ni llevaba una cofia blanca en el cabello.

La Tormenta

El cielo oscurecía el día de verano y Sebastián sentía su respiración tan pesada como la atmósfera que oprimía sus pulmones y su corazón. Oscuro, sombrío y largo camino el recorrido ¿para qué?, ¿para llegar al verano y encontrarse nuevamente con la lluvia y la oscuridad? Durante el invierno había soportado estoico, el frío y el hielo, porque pensaba que si era valiente, sería premiado con el sol de primavera. En las tardes de catecismo durante su infancia, había aprendido que Dios nos premia cuando somos buenos pero la tormenta que ahora lo amenazaba, definitivamente, no había escuchado las palabras del cura que lo había preparado para la primera comunión.

A lo lejos un rayo iluminó el cielo de cicatrices, seguido por un trueno que estremeció el alma del hombre que no deseaba ver las heridas de su alma, sino olvidarse del pasado, olvidarse del invierno, porque todo había sido demasiado largo y ya era tiempo de ver el sol. Pero un rayo siguió a otro y se desató la tormenta, la lluvia golpeó las ventanas de su casa e inundó el césped del jardín. Sintió una mezcla de temor y rebelión.

—No es justo —gritaba Sebastián— no es justo.

—¿ Y qué sabes tú de justicia? —le preguntó el trueno con una voz ronca que amenazaba destruir los vidrios y quebrar las copas de cristal.

—No hay razón para volver a enfrentar la oscuridad cuando ya la hemos vencido —respondió Sebastián

—Sí la hubieras vencido, no tendrías que volver a enfrentarla —rió el trueno.

—Tengo miedo —susurró el hombre.

—Véncelo —dijo la implacable voz del trueno.

—Ya no me quedan fuerzas— gimió él.

—Véncelo —dijo el trueno, mientras el eco repetía celo, celo.

Sebastián levantó la cabeza desafiante, cabeza de guerrero, amante, rey, mendigo, padre. Miró el cielo oscuro y una sangre nueva, desconocida y eterna, empezó a correr por sus venas.

—Vence el temor, véncelo —decía el trueno, expandiendo su mensaje a través de la vía láctea y más allá aún.

—Sí, —repitió Sebastián— sí puedo hacerlo.

Entonces las nubes negras empezaron a moverse dando paso al sol y a la quietud que tomó posesión del alma de ese hombre, de él, y de todos.

Nacer muriendo

No veo, pero no importa, porque no hay nada que ver. Recuerdos, sólo recuerdos del que fue un hombre y ahora se transforma en mujer. Más allá, las estrellas brillan silenciosas como únicos testigos mientras yo me dejo mecer por las aguas de tu útero que semejan las olas del mar.

La transformación comienza: cerebro, corazón y médula espinal empiezan a formarse, al mismo tiempo que pequeñas yemas de brazos y piernas brotan, extendiéndose hasta alcanzar el universo.

La cabeza es la mitad del cuerpo.

Mientras floto en tus aguas, los recuerdos, hija, continúan y veo tu cabeza ensangrentada aparecer entre las piernas de tu madre que se contorsiona en una mueca de dolor.

—Es una niña— dijo el médico, mientras golpeaba tus nalgas sin piedad.

Yo lloraba y reía, sin saber por qué. Tú madre también lloraba, meciéndote sobre su estómago húmedo de sangre y amor.

—Es una niña— dice el médico mientras observa mi figura flotante en la pantalla del monitor y tú sonríes acariciando tu vientre redondo como la tierra.

Yo te amaba, pero tuve que partir. Sin despedidas, entre sueños, porque despierto no lo habría permitido. No quería abandonarte, deseaba quedarme a tu lado para jugar con tus manos pequeñitas que se alzaban para tocar las estrellas. No te abandoné pero estaba escrito y tuve que aceptarlo. Me dolió ver tu carita buscándome a través del tragaluz y luego el silencio, para ti y para mí.

Es por eso que he vuelto. Cuando llegó el momento de volver a elegir mi familia, te elegí a ti, tenía que volver y explicarte, antes hija, ahora madre, que no te he abandonado. Somos un continuo ir y venir, atados los unos a los otros por una débil cuerda que nos mantiene unidos pero que al mismo tiempo nos permite flotar, separados, individuos, célula, universo.

Quiero explicártelo todo, hija. Lo que nunca pude decirte pues mi partida fue imprevista, ¿por qué tuve que partir?. Ahora he vuelto para decírtelo, para reírnos. Tú comprenderás y perdonarás mientras yo te miraré con ojos de niña, padre, hermano, amiga. Uno solo, todos.

Los recuerdos son cada vez menos, mi cuerpo crece y ya no floto como antes. No veo, pero siento el ritmo de tu corazón y el mío.

Hay un túnel, está oscuro, el agua de la vida me empuja, salgo, una mano me golpea las nalgas, lloro, respiro y olvido.

—¿Quién soy?

No recuerdo, no recuerdo. Madre, padre, hija, todo.

Si sabes bailar salsa...

No siempre es fácil encontrar amigos, claro, hay muchísimos sitios en Internet que dan la oportunidad, algunas veces pagadas, otras gratis, de encontrar la pareja ideal, aunque para ser sincera, me dan un poco de miedo. Tal vez tengo complejo de persecución pero no me atrevo a dar mi correo electrónico a quien no conozco para luego verme invadida de pornografía o del último virus que te infecta la computadora recién comprada a plazos.

En la búsqueda de un compañero o que más no fuera de amigos con quién compartir mi vida, decidí tomar un camino algo más seguro. El miedo a la soledad no era tan fuerte como para encontrar a mis nuevos amigos en un bar (no tengo nada en contra de los bares pero sí una alergia terrible al alcohol), tampoco deseaba quitarle el marido a nadie por eso el vecino estaba descartado. Al final decidí participar en un retiro de meditación, allí, pensé ingenuamente, voy a conocer gente con la que podré conversar. Me imaginé meditando a orillas de un lago y luego durante las comidas conversando con los maravillosos amigos recién encontrados.

Mi experiencia en meditación se limitaba a dos lecciones de yoga tomadas hace algunos años, donde la profesora nos hacía respirar profundo mientras nos torcíamos como chicle. Nunca asistí a la tercera clase pues los ejercicios me habían causado calambres y sinceramente no valía la pena el martirio. Sin embargo, eso me permitió responder afirmativamente la pregunta en el formulario de inscripción para meditadores avanzados.

"¿Tiene usted experiencia en meditación?" Yo marqué sí pues era la verdad.

El viernes por la noche, manejé hasta el lugar donde tendríamos el retiro de una semana, lugar que para mi sorpresa no tenía lago, pero la gente que me recibió era encantadora. Luego me mostraron el corredor, exactamente, corredor y no-dormitorio, donde dormiríamos las mujeres. En ese momento comprendí por qué nos habían pedido traer una colchoneta y un saco de dormir. Sin embargo, la falta de privacidad no me preocupó demasiado pues las pocas mujeres que me habían recibido, eran realmente muy simpáticas y de una aparente bondad que atraía a las personas que las rodeaban.

También me informaron que nosotros prepararíamos nuestras comidas y que solamente comeríamos dos veces al día. En la mañana a las siete de la mañana, después de la primera meditación –la palabra después quedó resonando en mi cabeza– y de inmediato hice un cálculo mental para saber a qué hora tendría que levantarme, las cinco de la mañana me pareció un insulto. La próxima comida sería a mediodía, de ahí en adelante nada más, excepto té de hierbas y agua pura. En ese momento surgió la primera de muchas dudas, no comprendía haber pagado esa cantidad de dinero (una pequeña fortuna), para dormir en el suelo y morirme de hambre, pero en fin, ya estaba allí y era tarde para arrepentirme, además mientras seguía considerando la posibilidad de partir, llegó un nuevo participante llamado César. Me bastó una mirada para saber que ya no me importaría levantarme temprano.

Poco a poco fueron llegando otras personas y nos reunimos en el salón principal para escuchar la primera charla del monje encargado. Esa primera experiencia me convenció que estaba en el lugar correcto, había llegado el momento para mí de vaciar la mente y tomar conciencia de mis acciones. La explicación dada por nuestro profesor fue muy simple: meditación es el arte de no hacer nada. Como funcionaria de gobierno, pensé que había practicado ese arte por muchos años y levantando la vista miré al resto del grupo de meditadores con superioridad.

Sonó una campanita avisando que empezaría nuestra primera meditación y lo próximo que sé es que estaba sentada en el suelo, con las piernas cruzadas y los ojos cerrados. No podía creerlo, tenía que quedarme quieta por cuarenta y cinco minutos. A los dos minutos, abrí los ojos para mirar la hora, los volví a cerrar después de observar que todos alrededor de mí estaban con los ojos cerrados y en total sosiego. A los cinco minutos no pude aguantarme de espiar a la persona de mi derecha que hacía un ruido bastante desagradable mientras respiraba. Decidí contar hasta diez, luego hasta cien, al llegar a cien pensé que tal vez podría incorporar ovejas en el conteo pero decidí no hacerlo por temor a quedarme dormida. A los veinte minutos habían empezado los calambres que hace algunos años me habían alejado de las clases de yoga y a la media hora, decidí abrir los ojos de manera permanente pues no me podía convencer que un ser humano normal pudiera permanecer tanto rato sin hacer nada.

Afortunadamente, todo es temporal, a los cuarenta y cinco minutos volvió a sonar la campanita y las personas comenzaron a toser, moverse, frotarse los ojos y pasarse las palmas de las manos por la cara. Se veían tranquilos, dispuestos a continuar meditando o hacer lo que el maestro nos pidiera.

Nos mandaron a acostar, sin antes reiterar que este era un retiro en silencio y solamente podríamos abrir la boca en una semana, al final de nuestra práctica. ¿Silencio? ¿Y qué de las conversaciones con mis nuevos amigos? ¿Qué pasaba si tenía un accidente, o un ataque al corazón? Bueno, tal vez lo estaba tomando demasiado al pie de la letra, estaba cansada y me fui a acostar al pasillo. Antes de dormir me llamó la atención que las simpáticas voluntarias no se encontraban alrededor, luego supe que ellas sí tenían un dormitorio, lo necesitaban para reponerse de su trabajo diario.

El día siguiente empezó con un horario estricto y una disciplina que el ejército, la naval y la aviación envidiarían. A las cinco de la mañana la campana nos avisó que ya era hora de levantarse, esta campana seguía repicando el resto de la jornada para anunciarnos las horas de comida, meditación, descanso y más meditación. A las cinco y media todo el grupo reunido empezó a recitar las oraciones en sánscrito que nos indicaban el comienzo del día.

No entendí lo que estaba diciendo y sentí nostalgia por las misas en latín de mi niñez en las que también había repetido palabras sin comprender el significado. Enseguida me preparé mentalmente para enfrentar el día sin sufrir calambres y aburrimiento.

Luego, los que se encontraban en buen estado físico y flexibilidad producto del entrenamiento yoga, se sentaron en perfecta posición del loto, espalda erecta, ojos cerrados. El resto –la mayoría– nos acomodamos en diferentes variaciones de cojines carísimos, encargados directamente desde California.

Frente a mí estaba sentado Tri Tri Tri, no era profesor ni nada, pero igual se había cambiado el nombre por Tri^3, indicando que había logrado la perfecta unión entre el alma, la mente y el cuerpo. A mí me pareció simpático y le sonreí. Tri al cubo me sonrió de vuelta y pensé que tal vez en el grupo había algunos seres humanos.

Al lado de Tri^3, César, estupendo, era uno de los que no se sentaban en cojín caro y el ancho de los hombros formaba un triángulo perfecto al llegar a la cintura, desafortunadamente, mis ojos no podían bajar de ese nivel porque al iniciar el retiro todos habíamos hecho votos de castidad para así canalizar la energía en la meditación que nos ayudaría a encontrar la paz interior.

Sonó la campana para comenzar, cerré los ojos,

el monje empezó a guiarnos y debo reconocer que el seguir su voz me ayudó a relajarme, el problema era cuando él dejaba de hablar, en esos momentos mi mente se disparaba para todos lados, cada pensamiento me hacía sentir culpable pues se suponía que si estaba meditando no debía pensar. Por eso me sorprendí cuando el monje continuó "si un pensamiento llega a tu mente, no lo rechaces, pero tampoco debes continuarlo, simplemente acéptalo y déjalo ir de la misma manera que llegó". En otras palabras, estaba bien si César aparecía en mi fantasía, lo que no debía hacer era empezar a coquetearle, sacarme los zapatos y luego..., bueno creo que la idea ha quedado bastante clara.

Después de la meditación tomamos desayuno, volvimos al salón y por dos horas el monje nos habló sobre la importancia de tomar responsabilidad y ser conscientes de nuestros actos. Muchas de las cosas que él dijo tenían sentido y me sorprendí al ver que nunca antes se me había ocurrido pensarlas, o tal vez sí pero sin tener conciencia de ello.

El día pasó entre meditación sentada y caminando, un almuerzo bastante contundente pero que se hacía poco al pensar que era lo último que comería en el día.

En la tarde durante una de las meditaciones Tri^3 empezó a dar unos saltos como si quisiera volar, no me asusté ni preocupé mucho pues durante nuestra caminata matutina yo iba detrás de él y lo había visto recoger unos hongos bastante sospechosos que luego engulló en un par de mascadas, no sin antes mirar a su alrededor para comprobar que nadie lo había pillado. Yo me había hecho la desentendida bajando la mirada, por eso ahora tampoco le daba importancia a los saltos voladores, además se suponía que yo no sabía lo que pasaba pues debía estar meditando con los ojos cerrados.

Así pasaron tres días, sorprendida de ver que me las estaba arreglando de lo mejor. No me importó levantarme temprano ni tampoco tener la última comida a medio día; meditar ocho horas diarias y el resto del tiempo atender clases con el monje que nos visitaba desde Tailandia. Debo admitir que hasta disfrutaba de las lecciones.

El problema empezó el cuarto día, al tratar de levantarme, después de haber permanecido sentada por cuatro horas seguidas, las rodillas se negaron a sostenerme y me fui de bruces. Tri^3 –que Dios lo bendiga– trató de ayudarme pero no pudo porque las rodillas de él andaban en las mismas. César nos miró con aire de superioridad y sin cambiar la posición del loto, volvió a cerrar los ojos.

A las cuatro de la tarde andaba mal genio de hambre, rogando que llegaran las cinco para tomarme el té de hierbas permitido. Si el profesor le ponía azúcar a su menta, entonces yo también tenía derecho y le puse cinco cucharadas para compensar el ayuno porque mi próxima comida sería a las siete de la mañana del día siguiente. Además había pillado a una de las voluntarias comiendo galletas y eso me daba 10 puntos de karma-ventaja sobre los todopoderosos, perfectos y sabelotodo de los ayudantes.

Esa noche no pude dormir de hambre, como si fuera poco una de las mujeres roncaba sin parar y cuando estaba empezando a cerrar los ojos, sonó la campanita avisando que empezaba un nuevo día.

En la sala de meditación las tripas de Tri[3] sonaban al unísono con las mías, pero haciendo "de tripas corazón" nos arrodillamos para empezar la oración en sánscrito. Fue entonces cuando ya no aguanté más y como no podía gritarle al profesor —que era un alma de dios— ni a César porque me ignoraría, empecé a entretener mi mente que había descansado por cinco días.

Cuando dijimos el primer verso en sánscrito, adapté la fonética y lo cambié al español por "si sabes salsa sabes danzar". Ninguno de los anglófonos presentes se dio cuenta, a lo más alguien pensaría que mi pronunciación era ligeramente incorrecta. Eso me alentó a seguir y debo decir que me sorprendí a mi misma con la creatividad de los versos.

Este quinto día fue el peor, ya aburrida de traducir del sánscrito al castellano, no tuve más remedio que cruzar las piernas y seguir meditando, el dolor era intolerable, mi cuerpo no estaba acostumbrado a permanecer por horas en la misma posición, pero no me iba a rendir, faltaban solamente dos días y medio. "Por la razón o la fuerza" decía el lema en el escudo nacional de mi país de nacimiento y yo estaba dispuesta a lograrlo.

El tiempo es relativo, claro, ahora estaba comprobándolo, cada minuto era un siglo. A lo mejor mi reloj necesitaba pilas nuevas, ¡eso!, ahí estaba la respuesta.

El monje nos reunió esa tarde y felicitó por nuestra entereza y capacidad de concentración.

"Queda muy poco para terminar nuestro retiro" dijo, "por eso vamos a relajar las reglas un poco, desde ahora no necesitarán meditar por tanto tiempo, a no ser por supuesto que ustedes deseen hacerlo, entonces esta tarde, pueden meditar cuanto quieran y si terminan antes del horario establecido salen al jardín".

Sus palabras fueron como música en los oídos, me preparé a meditar sabiendo que no estaba obligada a sentarme por horas y eso me relajó de tal manera que no tuve ningún problema de cerrar los ojos y seguir las instrucciones, mi mente solamente buscaba la experiencia de seguir la respiración que entraba por las narices y salía por la boca. Estaba aún disfrutando de esa sensación cuando sonó la campana avisándonos que habían pasado dos horas y yo había perdido la oportunidad de escapar al jardín.

Los dos días siguientes pasaron más rápidos que un suspiro.

Para los curiosos, les puedo contar que Tri³ y yo somos almas gemelas y vamos juntos a todas partes. Por él supe que César es gay, que entiende perfectamente el español y se había matado de la risa con mis traducciones directas del sánscrito. Cada vez que nos encontramos, por lo menos dos veces al año, nos damos de besos y abrazos y me saluda diciendo "sí sabes bailar salsa sabes danzar". Por supuesto que ahora los tres somos ayudantes y en las noches descansamos en un dormitorio decente comiendo galletas antes de acostarnos.

Pedro

Una tras otra las contracciones quebraban mi espalda, pero mi niño no tenía apuro, no deseaba salir de su escondite. Hijo, rosa blanca del jardín de mi sueño, no tengas miedo, yo sé quién eres, te estoy esperando, ven, asoma tu cabeza entre mis piernas, vive.

La cara de la enfermera, cubierta con una mascarilla, se acerca a la mía asegurándome que todo está bien, yo siento su voz tan lejana como la luz del quirófano que me ciega y atrapa las lágrimas que insisten en salir. El filo de otra contracción me corta la espalda.

–Inspire y expire rápido– repite la enfermera.

–Pedro, niño mío, ven pronto, deja mecerte en mis brazos.

Y mientras el dolor me abruma, recuerdo el olor dulzón de las rosas que se infiltraba en mi sueño, mientras me daba vueltas en la cama, durmiendo, pero tal vez despierta, al menos si los ojos estaban cerrados y la cabeza descansaba sobre la almohada, los sentidos seguían abiertos porque el olor de las flores impregnaba el jardín con el que yo soñaba. El día se despedía, atardecer de rosas rojas, tallos verdes, espinas, pétalos colorados, cielo oscuro. Todas rojas, grandes y rojas, pequeñas y rojas, redondas, ovaladas y rojas.

–Todas iguales –pensé–. Todas iguales.

–Mira a tu derecha –dijo la voz de mi sueño, y cuando obedecí la

orden, mis ojos se encontraron con un color diferente, en medio del rojo vergel, se levantaba humilde y bella, la única flor blanca del jardín.

–Ese es tu regalo –dijo la voz–, cuídalo.

En ese momento supe que estaba embarazada, también supe que era un niño y su nombre sería Pedro.

–Él es diferente –continúo la voz– viene de muy lejos, de un planeta que no tiene mar ni atardeceres, es por eso que cuando llegue a este mundo, se encontrará perdido y alguien tendrá que mostrarle la diferencia entre el amanecer y el final del día. Te hemos observado por muchos años –hablaba la voz de mi sueño– y te hemos elegido, eres tú quien tendrá que recibirlo

–No comprendo –respondí, mientras la noche cubría las rosas y las estrellas empezaban a asomar sus caras en el cielo inmenso. De pronto una estrella empezó a bajar, en un rayo de luz que se conectaba con la rosa blanca, la única rosa blanca del jardín, corrí a mirar para ver qué era lo que el rayo había depositado en el centro de la rosa y encontré a mi niño de carita redonda y ojos almendrados.

Aún estaba oscuro cuando desperté y me asomé a la ventana, las estrellas seguían titilando, miles, millones de ellas, sin embargo reconocí a la que se había conectado conmigo. Era la más grande, y la más brillante, era la que me había enviado un regalo, era la estrella que me había mostrado a Pedro.

–Siga pujando señora –me dice la enfermera– ahí viene la cabeza, tiene pelito negro.

–Si sé –pensaba yo– ya lo vi en mi sueño.

Entonces en un instante comprendo el dolor y la alegría de la vida, grito, tan fuerte que mi desgarro abraza al mundo atravesando el tímpano del universo, grito para avisarle a una estrella que su regalo ha llegado, que mi hijo ha nacido.

–Es un niño –dice el médico.

–Es un varoncito –confirma la enfermera.

Simón llegó un día de primavera, trayendo consigo la esperanza y

el amor que yo había buscado por la vida. Tardó en emitir su primer llanto para prepararme a que todas sus reacciones siempre tardarían en llegar.

El médico lo examina y observa su abultada lengua gráfica, la forma del entrecejo, las orejitas, reflejos y líneas en las palmas de las manos y de los pies, luego me mira con tristeza —señora —me dice—, su niño está enfermo, tiene síndrome de Down.

Hay doctores que no entienden ni de planetas ni de jardines fragantes.

—No está enfermo —le respondo sosteniendo la mirada— es diferente, es una rosa blanca en un jardín de rosas rojas. Me lo trajo una estrella porque yo sé como llevarlo en este mundo.

La enfermera deposita a mi hijo desnudo sobre mi vientre, lo tomo de la mano, admiro sus dedos pequeñitos, le doy la bienvenida y empezamos a caminar.

Soñando de sur a norte

Dos acontecimientos inusuales marcaron el comienzo de esta historia: el primero fue la lluvia, el segundo el estornudo de Sol. Hacía más de cien años que no llovía en esa zona desértica, sin embargo ese día se oscureció el cielo y las gotas atravesaron la arena hasta llegar a las semillas dormidas. Lo del estornudo, podría no tener importancia, excepto que Sol aún no había nacido.

Todos expresaron asombro al escuchar esa exhalación que emanaba del vientre materno, estornudos alérgicos que perseguirían a la niña por el resto de su vida, cada vez que el frío y la lluvia le calara los huesos. Años después, Sol supo que el llanto del cielo había sido un aviso, preparándola a vivir lejos de su lugar de nacimiento, porque estaba escrito que tendría que dejar el desierto.

Su madre no se había sorprendido con el estornudo, sólo dijo

−¡salud! −como corresponde a los buenos modales. Luego paró de hablar porque empezaron las contracciones.

Sol nació en medio de un desierto florido con semillas que habían esperado un siglo para despertar, transformándose en flores cuyos nombres hablaban del lugar. La Flor del Minero Rosada, La garra de león, El espino Rojo y La Flor del salitre, animaron e iluminaron la arena caliente durante siete días, para luego volver a dormir.

Personas de todo el país y del mundo vinieron a ver el espectáculo. Su madre estaba convencida de que habían venido a celebrar el nacimiento de su hija, ignorando la sinfonía de colores que reemplazaba la tierra árida.

–Es una criatura que viene del sol –dijo su madre, y la bautizó

Solariana, pero sus hermanas y su padre terminaron por llamarla Sol.

La niña creció entre la arena y el océano. Los límites de su geografía iban de los cerros al mar, separados por una roca sumergida que tenía una puerta mágica para dejar pasar las olas que se disolvían en la playa. Allí vivió una niñez de trenzas largas que caían como globitos en su espalda, jugando con caracolas, convencida de su inmortalidad.

La sinfonía de colores que anunció su nacimiento había durado sólo una semana, borrándose bajo la inclemencia del viento y del salitre. Pero

Sol no se había percatado del cambio y continuó percibiendo flores hasta el día que los soldados se llevaron primero a su madre y luego a su padre. En ese momento levantó sus ojos por primera vez y se sorprendió al ver la aridez del paisaje.

En ese instante también, Sol empezó a dudar de su permanencia eterna y se le ocurrió pensar que tal vez los cuarenta años eran el límite de la existencia. La verdad es que la edad elegida fue una elección fortuita tal vez porque la última vez que vio a su madre esta tenía esa edad, sin embargo podría haber elegido los noventa, o tal vez ciento cincuenta. El número de años no importaba, lo realmente trascendente es que desde el momento que dejó de sentirse inmortal, el temor que emanaba desde el fondo de la tierra se le subió al alma empezando a ver cosas hasta entonces ignoradas –tal como la desaparición de las flores.

Cuando ni su madre ni su padre volvieron, sus seis hermanas decidieron partir y ella temiendo sentirse sola resolvió seguirlas. Las siete mujeres empezaron a caminar sabiendo que como se encontraban en un país al fin del mundo, la única manera de alejarse era tomar rumbo al norte. Mientras avanzaban Sol observaba como los colores cambiaban de anaranjado y amarillo a un azul verdoso que danzaba como las olas del mar.

Por un momento la muchacha olvidó que no era el océano sino los colores de la arena imitando el agua y se sumergió en el espejismo oceánico de la arena para absorber con todos sus sentidos la inmensidad y el poder del desierto. Fue durante esa caminata que empezó su búsqueda, tenía que comprender el porqué las flores nacen y mueren. Tenía que comprender el porqué de su existencia, y saber sí ella también era un oasis de color en el desierto destinada a desaparecer. Siguió caminando prometiéndose no parar hasta encontrar una respuesta.

Al llegar al Valle de la Luna, su hermana mayor decidió quedarse y no seguir caminando. El aire seco y caliente la había agotado, tenía los labios hinchados y apenas podía mover los pies. La dejaron en el primer villorrio donde consiguieron un vaso de agua. Pero las otras decidieron continuar el camino pues sabían que aún había mucho por recorrer.

El crepúsculo las encontró bajo millones de estrellas. Las criaturas del desierto que durante el día se habían escondido del sol abrasador, esperaron la llegada de la noche para emerger de sus madrigueras. Sol fue al encuentro de los alacranes y lagartijas, necesitaba verlos, sabía que se iba y tenía que despedirse de ellos. Los alacranes salieron de sus escondrijos y las lagartijas empezaron a caminar erguidas, ofreciendo sus patas delanteras como manos para entrecruzarlas con las palmas de las mujeres, danzando al compás del viento:

"a la ronda, ronda,

la ronda del sol".

Sol giraba y bailaba, bailaba y giraba, hasta caer extenuada sobre la arena. Por un instante perdió conciencia de lo que sucedía a su alrededor, sin saber si se había quedado dormida o había volado a un desconocido lugar de la galaxia donde el tiempo y el espacio se juntaban en un círculo eterno.

Cuando volvió a abrir los ojos esperando encontrarse con la arena baldía, los alacranes y lagartijas ya no estaban, tampoco había desierto, en su lugar había un mercado que ella nunca antes había visto, pero en el cual se sentía tan cómoda como en la arena caliente perdida en el tiempo.

Era de noche, los puestos de frutas y verduras estaban cerrados, pero el aire frío aún llevaba el olor dulzón de las naranjas mezcladas con menta, cilantro y pescado.

¿Qué hacía ella en ese lugar? ¿Estaba sola o acompañada? Volteó para confirmar que nadie la seguía pues en el silencio de la noche podía sentir el aliento de una persona.

—¿Quién eres? —preguntó Sol.

—¿Quién eres? —volvió a insistir, sin obtener respuesta.

—Sol levántate, debemos seguir caminando —dijeron sus hermanas. Sol despertó con la garganta apretada por la sed y la angustia. Trató de consolarse repitiendo que su visión sólo había sido un sueño, pero en el fondo de su alma sabía que la respuesta a la pregunta que había gritado en ese mercado desconocido era la respuesta a la búsqueda de comprender su razón de vivir.

Caminaron todo el día preguntándose si valía la pena continuar o era mejor volver a la casa que las había visto crecer, sin embargo la morada paterna ahora estaba vacía y tenían que encontrar los cimientos de otra, el nuevo hogar que vería crecer a sus hijos y a los hijos de sus hijos. La noche las encontró atravesando un pueblo y decidieron dormir en la plaza del lugar. El sonido del viento deslizándose por las casas de barro fue la canción de cuna que guió a Sol agradecida de ver las estrellas reconociendo a Las Tres Marías y La Cruz del Sur.

No bien hubo cerrado los ojos cuando la escena del mercado volvió a ella. Se volvió a encontrar entre los puestos de frutas y verduras.

—¿Quién eres? —continuó preguntando.

Una mujer de pelo blanco y ojos verdes como los de Sol, la miró extrañada diciendo

—Soy tú, ¿No me reconoces?

Sol volvió a despertarse aún sin comprender. El ruido del viento combinado con el silencio del desierto la arrulló, tranquilizándola pero sin lograr que volviera a cerrar sus ojos hasta el amanecer.

En la mañana, otra hermana decidió quedarse en el pueblo y Sol con sus cuatro hermanas inspiraron hondo para tomar fuerzas y continuar. Empezaron a escalar el globo terráqueo, avanzando hacia el norte, siempre hacia el norte, donde poco a poco el desierto fue desapareciendo para dar paso a una vegetación desconocida.

Caminaron por años, siempre en la misma dirección, hasta encontrarse en medio de un paisaje verde que se perdía en el azul del mar. Los árboles lanzaban sus ramas hacia el cielo peleando el espacio para abrazar la luz, mientras las lianas y filodendros trepaban por los troncos incrustados en la tierra amazónica. En ese lugar se quedaron sus cuatro hermanas y nacieron sus siete hijos, altos y esbeltos como los habitantes del lugar.

A veces, cuando se internaban en la selva, admiraban a los negros moviéndose al ritmo de los tambores hechos con los troncos de los mismos árboles que los rodeaban. Raca, ta, taca, taraca, ta,taca, hombres, mujeres y niños movían sus caderas, desafiantes, sabiendo que cada uno era el mejor. Sol quería ser parte de esa música ensordecedora y deseaba bailar, bailar hasta caer rendida, pero tenía temor a dejarse llevar por el ritmo de la música porque sospechaba que una vez cruzada esa barrera, no podría regresar. Y ella tenía que regresar a lavar pañales, revisar tareas y buscar, seguir buscando la respuesta a su razón de vivir.

Pensando que en la selva no encontraría lo que buscaba, decidió continuar su viaje. Entonces se despidió de sus hermanas y de los bailarines, cargó con sus siete niños y continuó subiendo hacia el norte.

Caminó durante muchos años más, hasta llegar al extremo opuesto de su punto de partida. Como estaba en la cima del mundo, tuvo que tomar una decisión. Si hubiera seguido avanzando, habría empezado a descender hacia el sur y cansada de viajes y de acarrear críos, aún sin obtener la respuesta deseada, Sol optó por quedarse donde estaba. Tenía que conformarse con no ver las estrellas formando la Cruz del Sur en el cielo, pero se encontraba cerca de sus hijos y nietos que ya habían sido bautizados en la catedral de la ciudad.

Sol buscó eternamente por una razón de vivir, sin comprender que años atrás había soñado la respuesta a todas sus razones. Pero ella había elegido olvidarse de su sueño que sólo volvió a recordar treinta y tres años después.

Un atardecer se encontró caminando por un lugar que sintió familiar y repetitivo en los colores, sonidos y formas. Trató de pensar si la semejanza era con alguno de los tantos lugares que había visitado, pero no encontró ninguna. Fue entonces que recordó.

Sol se encontraba atravesando el mismo mercado de su sueño de juventud y, a pesar de ser de noche, no tenía miedo de caminar sola en la penumbra que la rodeaba. Al contrario, se sintió acompañada y comprendió que el sueño empezado en el Valle de la Luna, estaba llegando a su final.

Se estremeció al pensar que el tiempo que se extendía entre su niñez y el ahora, había sido una constante búsqueda de la tierra prometida, tratando de encontrarla en el desierto, en la selva y en la nieve, sin comprender que al fijar su atención en el paisaje la alejaba cada vez más de la respuesta que se encontraba en el centro de su ser.

Al caminar por el mercado y revivir su sueño de juventud, supo que había llegado la hora de amarse tal cual, de sur a norte, con su luz y con su sombra. No tenía sentido seguir ocultando sus imperfecciones porque no podía escaparse de ella misma. Ya no podía seguir negando a la mujer apasionada, caliente, sensual, bailando al ritmo del tambor, pero tampoco podía ignorar a la virgen que se entregaba por primera vez a cada hombre que ella elegía. La que amaba las enaguas de seda y la que corría descalza por la arena; la que mentía y la que se horrorizaba frente a la mentira. La Blanca Nieves del bosque y la bruja, personajes del mismo cuento, ambas necesarias para la continuación de la historia.

La búsqueda había terminado porque la tierra prometida era un mito. Por fin comprendía que no era necesario aspirar a la perfección sino a vivir consciente de sus imperfecciones.

Siguió atravesando el mercado en dirección a casa y al llegar a su departamento abrió la ventana que daba a la autopista, extrañando el silencio del desierto de su infancia, pero al mismo tiempo agradecida y fascinada por los miles de luces rojas que se movían ordenadamente hacía el oeste enfrentando con valentía a las blancas que se acercaban desafiantes en sentido contrario.

Puso un disco compacto con el "Om Mani Padme Hum" en un esfuerzo inútil porque el sonido del mantra desapareció bajo el ruido de los autos que se desplazaban a una velocidad uniforme, produciendo un efecto tan adormecedor como las olas del mar. Se sentó en un sillón de cuero dejándose llevar por la marea de motores que avanzaban a ciento veinte kilómetros por hora y, cerrando los ojos decidió enfrentarse a su sueño.

Siguió mirando la autopista extendiéndose hacia el infinito junto con los vehículos que se desplazaban como hormigas y al igual que las personas deseaban llegar a algún lado. Allí decidió que si ya había pasado los cuarenta, invariablemente el fin del mundo tenía que ser a los ciento once años, lo que significaba que tenía toda la vida por delante.

–Háblame –le pidió a un ser desconocido cuya voz empezó a tomar forma dentro de ella, y en ese instante supo lo que tenía que hacer.

Probablemente se quedó dormida porque lo próximo que recuerda es el ruido de un trueno anunciando la tormenta. Sol despertó con la garganta apretada por la sed. El cielo estaba cubierto de nubes amenazantes pero ¿cómo iba a llover? Si hacía más de cien años que no llovía en el desierto.